SOUVENIR DU CARÊME 1887

SERMON

SUR

LA ROYAUTÉ DE JÉSUS-CHRIST

PANÉGYRIQUE

DE

SAINT ANTOINE DE PADOUE

ET

LES GLOIRES DE SAINT JOSEPH

PRÊCHÉS

A SAINT-PIERRE D'AVIGNON

PAR LE R. P. MARIE-ANTOINE

AVIGNON
AUBANEL FRÈRES, IMPRIMEURS-LIBRAIRES
DE N. S. P. LE PAPE ET DE Mgr L'ARCHEVÊQUE

—

1887

Imprimatur :

E. CHARRASSE, Vic.-Gen.

Avenione, die vigesimà nonà martii 1887.

PIEUX LECTEURS

Il est écrit que la Vierge Immaculée, Mère et Reine de votre illustre cité, avait bien soin de garder le souvenir des paroles saintes qu'elle avait entendues et de les repasser sans cesse dans son âme ; voulant imiter votre mère, vous m'avez demandé ces pages. Les noms si chers de Jésus, de Marie, de Joseph, d'Antoine de Padoue, qu'elles redisent sans cesse, suffiront pour qu'elles soient la joie de vos cœurs et les délices de votre piété. En les lisant, n'oubliez pas devant le Seigneur l'humble apôtre qui conservera toujours de son apostolat parmi vous le plus reconnaissant et le plus doux souvenir.

JÉSUS-CHRIST

ROI DE GLOIRE

IL A RÉGNÉ DANS LE PASSÉ, IL RÈGNE DANS LE PRÉSENT,
IL RÈGNERA DANS L'AVENIR.

*CHRISTUS HERI, CHRISTUS HODIÈ
CHRISTUS IN SÆCULA.*

> Ouvrez les grandes portes de vos âmes afin que le Roi de gloire puisse y entrer et y établir son trône immortel.
>
> *Attolite portas principes vestras et introibit Rex gloriæ* (Ps. xxiii).

Ce Roi de gloire, dont parle le Prophète, c'est Jésus-Christ.

Le Verbe de Dieu fait homme ; éternellement conçu dans le plan divin, d'abord comme médiateur de la création, puis, en raison de la chute, comme rédempteur de l'humanité déchue.

Vivant de toute éternité comme Verbe dans le sein du Père, il a voulu vivre comme Dieu-homme dans le temps et habiter au milieu de nous, il a été conçu dans le sein de la Vierge Immaculée par l'opération du Saint-Esprit, il est né dans l'étable de Bethléem, il a été immolé sur la croix du Calvaire, il est sorti triomphant du sépulcre et il est entré triomphant dans le ciel où il est assis à la droite de son Père et d'où il viendra juger les vivants et les morts.

Voilà Jésus-Christ, voilà le Roi de gloire ! Voilà le Roi des rois et le Seigneur des seigneurs ! — *Rex Regum et Dominus dominantium.* — Credo ! Credo ! *Je le crois ! Je le crois !*

Ouvrir les portes à ce Roi, c'est la vie ; les fermer devant lui, c'est la mort.

Et cela pour toute créature, pour les Anges comme pour les hommes, pour les nations comme pour les familles et les individus.

Avoir Jésus pour Roi c'est le doux Paradis. *Esse cum Jesu dulcis Paradisus.*

Refuser Jésus pour Roi c'est le cruel enfer.

Esse sine Jesu durus est infernus.

En lui seul est le salut pour le temps et pour l'éternité et il n'est pas ailleurs.

Non est in alio aliquo salus.

Tout vit par lui : tout meurt sans lui. *Omnia in ipso constant.*

Vérité capitale qu'il faut mettre en lumière ou plutôt vérité capitale d'où il faut tirer toute lumière.

Cette vérité est dans la Religion ce qu'est le prisme en face du soleil ; de même que celui-ci concentre en lui tous les rayons de l'astre du jour pour les repercuter et illuminer tout ce qui l'entoure, de même cette grande vérité concentre en elle toutes les clartés de la révélation, de la théologie, de la philosophie, de l'histoire, de l'économie politique, de la législation et de l'universalité des sciences et elle illumine à son tour tous les siècles : le passé, le présent, l'avenir.

Jésus-Christ en est la raison, le soleil suprême.

Christus heri, Christus hodie, Christus in sæcula.

Malheur trois fois malheur à celui qui n'ouvre pas ses portes à Jésus-Christ et qui refuse de le recevoir pour Roi !

Bonheur trois fois bonheur à celui qui lui ouvre les portes de son cœur et dont il est le Roi.

Voilà ce que disent les siècles passés, et les siècles présents, voilà ce que diront les siècles à venir : voilà le grand, le sublime concert de tous les âges.

Il faut entendre ce concert, il ravira vos esprits et vos cœurs.

1· Le Christ dans les siècles passés

CHRISTUS HERI

§ I. — LE CHRIST ET LES ANGES

C'était le premier jour de leur création : Dieu le Père présente aux anges le Christ futur. Il leur dit : Voilà votre Roi, ouvrez les grandes portes de votre âme, je veux l'établir Roi dans chacun de vos cœurs.

Attollite portas principes vestras et introibit Rex gloriæ.

Comment, me direz-vous peut-être, le Christ qui n'était pas encore conçu, pouvait-il être leur Roi ?

— Vous vous trompez, il était conçu, il vivait déjà dans le plan divin de toute éternité, comme est conçu et comme vit un édifice dans la pensée, dans le plan de l'architecte avant que celui-ci le réalise. Ainsi vivait le Christ. En Dieu tout est présent. Dieu c'est l'acte pur et ce qu'il fait il le fait toujours ; par conséquent, si le Verbe vivait comme Dieu, *in principio* dans la Trinité, il vivait aussi *in principio,* comme Verbe fait homme, dans le plan de la création, qui est éternel comme la Trinité elle même.

Dans l'éternité le Père ne peut vivre sans son Fils ;

dans le temps le Père n'opère rien sans lui. C'est par lui, dit le grand apôtre, qu'il a fait les siècles, *per quem fecit et sœcula.*

Tout a été fait par lui, avec lui, et en lui, *omnia per ipsum, cum ipso et in ipso.*

Sans lui rien n'est possible et avec lui tout existe et tout vit, par lui tout vient du Père et tout remonte au Père.

Que serait pour le Père la création sans lui ? N'est-il pas l'objet éternel et unique de ses complaisances ? Impossible donc à la création, malgré toutes ses magnificences, de rendre à Dieu sans le Christ la moindre gloire digne de lui, puisque jamais cette gloire ne serait infinie, et qu'une gloire infinie lui est essentielle.

Il faut donc que le Christ soit dans la création. Mais comment s'unira-t-il à la création et s'identifiera-t-il avec elle pour la diviniser, la soulever, la porter avec lui jusqu'au trône du Père et lui rendre par elle tout honneur et toute gloire, *Omnis honor et gloria ?*

Voici le mystère ineffable.

Il y a dans la création un être privilégié dans lequel Dieu a voulu concentrer la création tout entière : c'est L'Homme ; les anciens l'appelaient : le *monde en abrégé*, *Microcosmos*. Par son âme il tient au monde des esprits, par son corps à celui de la matière.

C'est donc à l'homme que le Verbe s'unira et cette union sera hypostatique, c'est-à-dire que tout en gardant sa nature divine, il prendra la nature humaine et ne fera de ces deux natures qu'une seule personne divine, les deux natures demeurant distinctes tout en étant hypostatiquement et merveilleusement unies dans une parfaite personnalité. Mais pour avoir ce corps semblable au nôtre et devenir réellement notre frère et s'appeler Fils de l'homme comme nous, il lui fallait une mère fille de l'homme comme nous, mais une mère immaculée, mille fois plus parfaite, plus grande, plus belle et plus pure que toutes les créatures.

Voilà la place de Marie à côté de Jésus dans le plan divin, elle est conçue dans ce plan en même temps que lui et avant toute créature. *Ab initio et ante sæcula creata sum.* Elle est Reine dans cette création, comme le Christ son Fils y est Roi et elle y est légitimement et logiquement Reine comme lui y est légitimement et logiquement Roi.

Voilà le Roi, voilà la Reine que Dieu présenta aux anges dès le premier instant de leur création : ouvrez les grandes portes de vos cœurs ; voilà votre Roi, adorez-le. *Et adorent eum omnes angeli ejus.*

Michel et ses anges ouvrent et adorent et tressaillant d'allégresse, ils s'écrient : Vive le Roi de gloire ! qu'il entre en triomphateur.

Vive le Christ ! le Dieu fort dans les combats, *Dominus potens in prœlio !*

Vive le Christ ! le Dieu des vertus, *Dominus virtutum !* Vive sa mère la Vierge immaculée ! Mais un cri d'orgueil et de rage part en même temps du cœur de Satan et des anges rebelles ! Non, non un Dieu qui est un homme ne sera jamais notre Roi, et une Reine qui n'est qu'une femme ne sera jamais notre Reine ! *Non serviam ! non serviam !* Guerre au Christ ! Guerre à la Vierge immaculée ! Et le combat s'engage ; Michel déploie son étendard : *Quis ut Deus ? quis ut Deus ?* Qui est semblable à Dieu ? Qui est semblable à Dieu ? Ce cri retentit comme un tonnerre ; puis dans les mains de Michel brille l'éclair de son glaive et Satan et ses anges roulent dans l'abîme de souffre et de bitume, dans l'abîme où règnent les tempêtes éternelles. *Ignis et sulphur et spiritus procellarum pars calicis eorum.*

Michel et ses anges chantent le cantique de victoire, c'est le ciel !

Satan et les anges maudits, grincent des dents et poussent le grand cri de la haine : c'est l'enfer.

§ II. — LE CHRIST ET LES HOMMES

L'homme, comme les anges, étant doué de libre arbitre, devait lui aussi, accepter librement le Christ pour Roi et la Vierge immaculée pour Reine, il devait librement leur ouvrir ou leur fermer les portes de son cœur ; aussi Dieu les présente-t-il à Adam et Ève et il leur dit en les leur faisant contempler dans son plan divin : Ouvrez les grandes portes de vos cœurs et laissez entrer le Roi de gloire :

Attollite portas principes vestras et introïbit Rex gloriæ. Ils les ouvrent d'abord et qu'elle félicité ! mais, hélas ! bientôt Satan est là pour les séduire et voilà qu'ils chassent le Christ de leur cœur, par la désobéissance et le péché. Le Christ sortant de leur cœur, la mort y entre ; — c'est toujours ainsi et l'enfer allait commencer, si la miséricorde infinie de Dieu n'avait eu pitié de la créature bien-aimée que Satan venait de lui ravir.

La croix paraît à l'horizon du cœur d'Adam et d'Eve ; Marie paraît aux pieds de cette croix et à la vue de cette croix et des larmes que verse cette Mère, la porte de ces deux cœurs s'ouvre de nouveau par le repentir, l'espérance et l'amour : Jésus y rentre en Roi, Marie y rentre en Reine.

L'humanité n'oubliera plus la promesse et elle vivra de cette espérance. Elle marchera vers ses destinées tournant toujours ses regards vers l'Orient d'où doit venir le salut et contemplant toujours dans les pensées de son amour la Vierge qui doit enfanter le Sauveur futur : *Virgo paritura*, nom que les Gaulois nos pères lui donnaient avec tant d'amour !

Après Adam et Ève, voici Caïn et Abel ; celui-ci ouvre la porte de son cœur au Roi de gloire, il est béni ; Caïn les ferme pour les ouvrir à la haine, il est maudit.

Les Patriarches jusqu'à Noé ouvrent leur cœur au Roi de gloire ; ils sont bénis et cette bénédiction se multiplie de génération en génération ; les Géants de l'orgueil ferment leur cœur au Roi de gloire, ils l'ouvrent aux infâmes voluptés ; ils sont maudits et le déluge vient les engloutir, ils tombent vivants dans ses abîmes.

Parmi les enfants de Noé, Cham méprise son père, qui est une figure du Christ ; il est maudit ; ses frères le respectent, ils sont bénis.

Après eux sont bénis leurs descendants fidèles au Christ : Abraham, Isaac, Jacob, Moïse, Josué, Aaron ; en face de ces cœurs fidèles voici les rebelles : **Pharaon, Balthazar, Sisara** ; ils sont maudits.

Puis viennent les Prophètes Elie, **David, Isaïe,** Jérémie, Daniel et les autres, et puis **les grandes femmes** : Débora, Esther, Judith, la mère des Machabées. Toutes ces saintes, tous ces saints de l'ancien Testament ouvrent leur cœur au Christ, ils le veulent pour Roi, ils vivent de son espérance, ils sont tous bénis, le Ciel habite leur âme. En face se trouvent les Achab, les Athalie, les Holopherne, les Antiochus et les autres impies ; ils sont tous maudits, l'enfer habite leur âme !

A genoux ! Voici le Christ ! Ce n'est plus l'espérance c'est la réalité ! le ciel s'est ouvert, la rosée céleste en est descendue, le miel est sur la terre, *mellifui facti sunt cœli*, le Christ est au milieu de nous : *Christus natus est nobis !*

En face de lui se font immédiatement les deux grandes parts des bénits et des maudits.

Voici les cœurs qui s'ouvrent pour lui faire un trône de Roi. Voyez le cœur de Marie, le cœur de Joseph, le cœur de Jean Baptiste, le cœur du saint vieillard Siméon, le cœur de Jean le disciple bien-aimé, le cœur de Lazare l'ami de Jésus, le cœur de Madeleine la perle retrouvée de Jésus, le cœur des saintes femmes fidèles et dévouées servantes de Jésus ! Quels cœurs ! et qu'elles bénédictions ! Quel ciel dans ces cœurs ! Mais aussi en face, voyez les Hérode, les Caïphe, les Pilate, les Judas, les mauvais larrons, les pharisiens, les bourreaux grincer des dents, entendez-les : *Crucifigatur ! crucifigatur*, qu'il soit crucifié ! qu'il soit crucifié ! Nous ne voulons pas de lui pour Roi : *Nolumus hunc regnare super nos !...* Qu'il soit crucifié ! qu'il soit crucifié ! Dehors, dehors, hors la porte de la ville !... *Crucifigatur ! crucifigatur !*

Oui il sortit dehors portant la croix, traînant la croix. *Bajulans crucem.* Mais en même temps en sortit la bénédiction et la vie, et la malédiction et la mort y entrèrent. De la ville maudite il ne reste pas pierre sur pierre et ses habitants dispersés portent sur leur front comme Caïn le stigmate de leur crime, ils font encore la guerre au Christ, toujours âpres au gain comme Judas, ils répètent toujours doucement et perfidement quand ils ne peuvent pas le crier fort, leur satanique *crucifigatur !*

J'ai vu cette ville maudite et détruite et dans cette ville, les Juifs toujours vivants et s'y multipliant plus que jamais. Je les ai vus avec leurs figures pâles et leurs regards conspirateurs, on voit bien que la malédiction les accompagne.

J'ai cherché là l'antique Jérusalem, j'ai cherché une pierre debout sur une autre pierre et je ne l'ai pas trouvée, j'ai mesuré la profondeur des ruines entassées et j'ai trouvé douze mètres de ruines !

Depuis que le Christ quittant la terre est entré dans sa gloire, la race des amis ne s'est pas éteinte, ni la race des ennemis.

Voici Pierre, voici Paul et les autres apôtres, ils sont bénis, ils portent dans leurs cœurs le Roi de gloire. Ah ! comme ils sont beaux leurs pas glorieux quand ils s'élancent à la conquête du monde lui disant : A genoux, voici le Christ ! entendez-les, ils chantent sous les verroux, ils tressaillent d'allégresse en face des tyrans : *Ibant gaudentes à conspectu concilii !* Ah ! vous croyez nous écraser, nous tuer, nous vivons avec le Christ, le Christ est notre vie, et le Christ est immortel ; et ils s'en allaient joyeux : tous les martyrs, tous les docteurs, tous les saints confesseurs, toutes les vierges, toutes les saintes femmes, font dans leur cœur, comme les Apôtres, un trône au Roi de gloire et chantent comme eux le cantique du bonheur et de l'amour.

Voilà bientôt dix-neuf siècles que ce cantique retentit et que le Royaume du ciel se peuple d'élus.

Mais aussi en face des apôtres et des martyrs il y a les Simon le magicien, les Néron, les Dioclétien, les Julien l'apostat. En face des docteurs et des saints, il y a les Arius, les Nestorius, les Entychès, les Pélage, les Photius, les Mahomet, les Luther, les Calvin, les Voltaire ! et tous les ennemis du Christ : les maudits ! Les premiers ont donné au monde une vision du ciel sur la terre ; les seconds, une vision de l'enfer.

2° Le Christ dans le présent

CHRISTUS HODIE

Nous voici sur un terrain brûlant, aussi n'est-ce pas moi qui parlerai, je laisserai parler le Prophète ; il a annoncé tout ce que nous voyons. Voilà trois mille ans qu'il a écrit, sous la dictée de Dieu, tout ce que nos yeux voient et tout ce que nos oreilles entendent, je n'ai qu'à traduire, il n'a rien oublié ; c'est l'histoire contemporaine.

La grande scène commence à la fin du dernier siècle, on se prépare avec une ardeur fiévreuse à en faire le fatal centenaire, elle s'ouvre par un grand cri d'orgueil satanique : Vivent *les droits de l'homme* ! à bas *les droits de Dieu* !... Voici le second cri : *Ecrasons l'infâme* ! Cet infâme c'est le Christ ! Vous venez d'entendre Voltaire et les fils de Voltaire, c'est-à-dire Satan et les fils de Satan.

La guerre à Dieu, la guerre au Christ et à son Eglise, la guerre tantôt ouverte et en plein jour, tantôt voilée et hypocrite, mais toujours la guerre et la guerre jusqu'à extinction ; les sociétés secrètes sont organisées pour cela.

Les Rois se sont unis aux peuples et les peuples aux Rois pour la déclarer. Entendez le Prophète : *Quare fremuerunt gentes ? astiterunt reges et populi convenerunt in unum adversus Dominum et adversus Christum ejus.*

C'est l'homme et sa raison s'adorant à la place de Dieu ; aussi la déesse Raison est-elle placée dans le temple de Dieu et sur le tabernacle du Christ ; c'est une prostituée qui l'y représente, elle y reçoit l'encens et les adorations de ces démons en délire et en même temps le sang des pontifes et des prêtres coule à flots sur les échafauds. Ici à Avignon, la Glacière en a été inondée ! Il a coulé ici dans ce temple, il a rougi ces dalles quand Jourdan le coupe-tête y pénétra avec ses monstres pour y égorger les prêtres et les fidèles.

Mais aussi quels châtiments ! Plus de cinq millions de nos soldats vont joncher de leurs cadavres le sol de toutes les nations de la terre et l'ennemi franchit nos frontières et vient trôner vainqueur au cœur de la Patrie.

Croyez-vous que l'orgueil satanique rende les armes ? non, non, l'orgueil de vos ennemis, ô Jésus, monte, monte toujours : *Superbia eorum qui te oderunt ascendit semper.*

Aussi nos désastres, il y a quinze ans, se sont-ils renouvelés avec des souffrances et des humiliations à nulle autre pareilles : les ennemis sont revenus, les frontières ont été de nouveau envahies, jamais la justice de Dieu ne s'est affirmée plus visible, jamais écrasement semblable à notre écrasement.

L'orgueil s'est-il incliné devant le Roi de gloire ? Non, non, il monte, monte toujours et aujourd'hui le voici au paroxysme.

Nous voici à l'heure solennelle.

Le combat suprême est engagé, le Christ et Satan, plus que jamais sont en présence. Les fils du Christ sont campés à Montmartre, à Lourdes, à Rome, à Jérusalem ; les fils de Satan sont dans toutes les loges et tous les sabbats.

Remarquez chaque mot dont se sert le Prophète pour raconter tous les détails du combat qui se livre. Les voyez-vous, dit-il, les voyez-vous, ils se sont tous réunis pour l'attaque : *Convenerunt in unum ;* jamais conspiration plus ténébreuse, plus satanique, plus habile, jamais plan plus perfidement conçu, jamais entente plus parfaite pour l'exécution.

Divisés sur tout le reste, tous s'unissent dès qu'il s'agit de faire la guerre au Christ et à l'Eglise du Christ.

Ce n'est plus de l'indifférence, c'est de la fureur, dit le Prophète, c'est la rage, c'est la haine, c'est le grincement de dents : *Quare fremuerunt*.

Dans nos assemblées législatives il suffit de prononcer le nom du Christ et le saint nom de Dieu pour qu'ils écument de colère : *Quare fremuerunt*.

Et remarquez tous les détails, le Prophète les complète dans le psaume 74. « Ils ont commencé par dire dans la haine de leur cœur : Plus de dimanche, plus de fêtes, plus de processions. *Dixerunt in corde suo quiescere faciamus omnes dies festos Dei a terrâ.* » Et c'est dans les sociétés secrètes, ajoute le Prophète, qu'ils l'ont décrété à l'unanimité des voix « *Cognatio eorum simul.* » Et c'est surtout au grand jour de la Fête de Dieu qu'ils ont ricané et levé leur tête orgueilleuse, fiers d'avoir réussi à interdire leurs rues et leurs places publiques au Roi de gloire pour les laisser libres aux filles de prostitution et aux danses infâmes. « *Et gloriati sunt qui oderunt te in medio solemnitatis tuæ.* »

Ce n'est pas assez d'enchaîner dans son temple le Roi de gloire, il faut en profaner la porte et le clocher en y mettant les signes sataniques et les devises sataniques. Nous voyons ces signes et ces devises sur les portes et les clochers de nos Eglises ; sur leurs portes, on lit les trois mots franc-maçonniques et ils veulent se servir de nos cloches, qui donnent le signal de la prière, pour donner le signal de l'orgie. « *Posuerunt signa sua signa in exitu, super summun.* »

Ce n'est pas assez ; comme un homme armé et furieux qui entre dans une forêt brandissant la hache, le marteau et la scie pour frapper, briser et détruire, les voici frappant, brisant, détruisant, crochetant les portes des demeures de la pénitence et de la prière, les portes des fils du Roi de gloire : « *Quasi in sylva lignorum, securibus exciderunt januas ejus,* » ils les ont jetées à terre avec la hache et le ciseau : « *In securi et asciâ dejecerunt eas.* »

Est-ce assez de détails, la nomenclature de tous les attentats commis sous nos yeux est-elle complète ?

Non il y manque encore un fait plus actuel que tous les autres et celui-ci est capital, le Prophète ne l'a pas oublié ; que dis-je un fait ? non il y en a deux, exprimés par le même mot, car le Prophète parle au pluriel. — Voici ce mot : brisons LES LIENS qui nous enchaînent au Christ et à son Eglise.

« *Dirumpamus* VINCULA *eorum.* »

Quels sont CES LIENS ? Premièrement celui qui unit la fille aînée à sa mère, la France à l'Eglise, le Concordat. — Plus de lien, plus de Concordat, il faut la séparation, la séparation absolue. — *Dirumpamus, dirumpamus.* Que le Concordat soit mis en lambeaux et ces lambeaux jetés bien loin, bien loin. *Et projiciamus à nobis !*

Il y a un autre lien, celui qui unit nos enfants au Christ et à l'Eglise par le saint baptême ; brisons, brisons ce lien, effaçons, effaçons de leur front ce signe du baptême ; que nos enfants, pour le perdre et le profaner, soient tous placés dans les écoles laïques, gratuites, obligatoires où il n'y aura plus de Dieu, plus de Christ, plus de croix !

« *Dirumpamus, dirumpamus vincula eorum.* »

Non, non, plus de croix dans nos écoles, plus de

croix sur nos places publiques ; à la place de l'arbre de la croix plantons l'arbre de Satan ; la croix, c'est un joug, c'est un cauchemar insupportable à nos yeux ! qu'elle disparaisse ! qu'elle disparaisse ! *Projiciamus jugum ipsorum !*

La croix, un joug ! elle qui a porté la liberté au monde. Le Christ, un tyran ! lui le plus doux des agneaux, le meilleur des pères, le plus tendre des amis ! et eux qui ne veulent pas de cet agneau si doux, de ce père si tendre, eux qui parlent tant de liberté, je les vois enchaînés par Satan dans leurs antres maçonniques ; eux qui ne veulent pas se mettre à genoux devant Dieu et son Christ, je les vois aux genoux d'une prostituée qu'ils appellent leur maîtresse ; elle dévore leur fortune, elle dévore leur honneur, elle dévore leur santé, et ils sont là à genoux, vils esclaves de l'infâme lubricité ! et ils ne veulent pas de votre joug, ô mon Jésus, de votre joug si doux, si suave, si beau, si glorieux !

Ils l'ont brisé, le voilà en pièces sous le coup de leurs marteaux maçonniques et sous la bave de leur mépris ; votre hostie sainte ils la placent près de votre croix, et, comme elle, ils la foulent aux pieds, ils la profanent ; comme elle, ils la déchirent et la voilà souvent toute ensanglantée, déchirée sous les regards de Satan qui préside en personne leurs immondes orgies !... Là un cri, un seul, sort de toutes les poitrines haletantes :

« Plus de Dieu, plus de Christ, plus d'Eglise ! A Satan et à nous la victoire sur Dieu, sur le Christ, et l'Eglise !... Voilà les cris qu'ils font entendre en dansant en ronde autour de l'autel infernal où ils brûlent l'encens à tous les vices. A ce cri le Roi de gloire a depuis longtemps répondu.

— Voici la réponse, écoutez le Prophète :

« Pauvres insensés, s'écrie-t-il, que prétendez-vous faire ? Vous êtes si bas !... et le Christ est si haut !... Vous n'êtes que des pygmées rampant sur la terre et lui est au ciel assis sur son trône ; ce trône vous ne l'ébranlerez pas, et lui, sachez-le bien, n'abdiquera pas. »

Il commence d'abord à faire tomber sur les hauteurs de votre orgueil et de votre folie les hauteurs de ses mépris, les hauteurs de ses dédains : « *Qui habitat in cœlis irridebit eos et subsannabit eos.* »

Et puis il va parler et cela de deux manières, soyez attentifs : Il parle d'abord par la parole de ses châtiments, et ensuite par celle de son Pontife.

Chaque jour vous entendez la première, celle de ses châtiments ; ne sont-ils pas sous nos yeux ? Oh ! qu'ils sont nombreux et terribles ! Comment les énumérer tous ? Tremblements de terre, inondations, tempêtes, choléra, phyloxéra, stérilité des terres, agonie de l'agriculture, mortalité des bestiaux, crises commerciales et industrielles, dépopulation de la France, assassinats, suicides, crises de tout genre, divisions dans toutes les villes, toutes les communes et toutes les familles, malheur, effroi et désolation partout, partout bruits de guerre, partout cliquetis d'armes qui approchent, partout épouvante et terreur ; ai-je fini ?... Et cependant, dit le St Esprit, sachez bien que ce ne sont que les syllabes de la voix, de la justice de Dieu ; sachez que ce ne sont encore que des gouttes de rosée : si devant ces gouttes de rosée vous tremblez, que sera-ce quand il fera entendre son tonnerre et qu'il foudroyera ?

« *Stillam sermonis ejus si timueritis, tonitruum majestatis ejus quis sustinebit?* »

Voilà la première parole du Roi de gloire.

Vous venez d'entendre la parole de terreur, la parole

des châtiments du Christ ; entendez maintenant la parole du Pontife du Christ ; la voix du Pape c'est la voix du Christ, et cette voix suffit à l'univers, *Os orbi sufficiens*, et comme la première elle remplit la terre, et les rois et les peuples font silence pour l'écouter.

« Vous dites : Nous ne voulons plus ni Dieu, ni Pontife, ni Roi ! eh bien sachez le, « je suis Pontife de Dieu et je suis Roi ! » Roi spirituel des âmes et Roi temporel de Rome. *Ego sum Rex*. C'est ainsi, et c'est Dieu qui l'a fait, c'est sa constitution, *ego constitutus sum Rex ab eo*, et comme les hommes n'ont point fait cette constitution, les hommes ne pourront la détruire ; les constitutions humaines tombent, s'écroulent et sont emportées comme la poussière du chemin, celle-ci bâtie sur le roc de la montagne de Sion, demeure immobile et brave les tempêtes. « *Ego autem constitutus sum Rex ab eo super Sion montem sanctum ejus.*

Et de là je parle à l'univers : *prædicans præceptum ejus*. Vous pouvez m'enfermer dans le Vatican mais vous ne pouvez pas m'y fermer la bouche.

Vatican veut dire montagne des oracles, de là le monde entendra ceux de Dieu. Et le monde, les entend.

De là le Christ du Seigneur, de là le Roi de gloire a parlé. Dans sa sublime Encyclique sur la constitution des Etats il a dit aux Rois comment ils devaient gouverner les peuples et aux peuples comment ils devaient obéir aux Rois.

De là il a lancé les foudres de l'excommunication sur les têtes maudites des enfants de ténèbres.

Et voilà que, tandis que l'enfer frémit, le monde s'incline, la Papauté monte, monte toujours, les nations infidèles et hérétiques se tournent vers elle ; de l'Orient et de l'Occident lui viennent des ambassadeurs, le cœur plein d'admiration et les mains pleines de présents.

Les Potentats la prennent pour arbitre et les guerres qui allaient éclater s'arrêtent par un seul mot, par un seul signe fait par elle, par un seul mot tombé de sa bouche, par une seule bénédiction tombée de son cœur !...

Voilà le Christ dans le présent !... Quel spectacle !... Quelle heure solennelle ! Voilà le Christ aujourd'hui. *Christus hodie.* Que sera-t-il demain ?... Quel sera l'avenir ? Ne craignez pas, l'avenir est à lui comme le passé et comme le présent. Levons le voile le Prophète encore va parler.

3° Le Christ dans l'avenir

CHRISTUS IN SÆCULA

L'avenir n'appartient qu'à Dieu, lui seul en connait le secret, mais pour nous fortifier, nous consoler et nous diriger dans la suprême épreuve, il veut bien comme en lever le voile, et nous donner des signes : à nous de les comprendre.

Tous ceux que nous avons sous les yeux prouvent, à ne pas s'y tromper, que nous sommes dans l'enfantement d'une ère nouvelle, et par conséquent à la veille d'un triomphe du Christ à nul autre semblable.

Toujours, vous le savez, la réaction est en rapport avec l'action, et toujours au mal suprême, succède le bien suprême et à la suprême attaque la suprême victoire.

Mais quand viendra-t-elle cette heure de la grande victoire ? Elle ne peut tarder, vingt ans, quarante ans, qu'est-ce dans l'éternité ? une heure, un instant ; on ne peut donc pas fixer de date, mais, encore une fois, l'heure de la victoire ne peut tarder.

Voici un signe entre tous, il n'est pas assez remarqué, pour moi il est infaillible. Le même prophète qui vient d'illuminer le présent nous l'indique pour illuminer l'avenir.

C'est au Christ vivant dans le Pape et parlant par le Pape que Dieu s'adresse :

« Lorsque tu verras, lui dit-il, tous tes ennemis prêts à t'écraser, fais monter alors vers moi, une suprême, une universelle prière — *Postula a me* — et alors je mettrai toutes les nations à tes pieds et la terre entière deviendra ton héritage ; j'en prends l'engagement formel ; prie et cela sera : « *Postula a me et tibi dabo gentes hœreditatem tuam, et possessionem tuam terminos terræ.* »

Et voici que le Pape, inspiré visiblement par Dieu, fait faire à la terre entière cette grande et suprême prière ; c'est lui-même qui par deux fois en a dicté la formule, toujours plus accentuée.

Et chaque jour, après le grand sacrifice de la messe, le ciel l'entend s'élever de toutes les parties du monde et elle arrive jusqu'au trône de Dieu présentée par Marie la toute puissance suppliante : *omnipotentia supplex*, par Marie qui déjà a dit à Lourdes : *Je suis l'Immaculée Conception*.

Satan, tu es sorti de l'enfer, dit le Pontife, tu rôdes avec tes légions pour perdre les âmes ; tremble c'est l'heure, Michel est debout et l'Immaculée-Conception va écraser ta tête ! et ces nations de la terre que tu trompes, que tu troubles, que tu bouleverses, tomberont dans mes bras et viendront sur mon cœur. J'ai prié et je les attends, Dieu me les a promises. *Postula a me et dabo tibi gentes hœreditatem tuam et possessionem tuam terminos terræ.*

Ce que Dieu a dit s'accomplira : *Exaudiet me cum clamavero ad eum ;* sur toutes les plages, sous tous les cieux, retentit le même cri et se murmure la même prière ; l'orient le redit à l'occident et le septentrion au midi, le jour la redit à la nuit, et la nuit la redit à l'aurore : *Dies diei eructat verbum et nox nocti*, et il n'y a pas de langue qui ne la chante : *Non sunt loquelæ neque sermones quorum non audiantur voces eorum.*

« O mon Dieu ! notre refuge et notre force, entendez entendez le grand cri de votre peuple qui prie et vous implore : *Deus refugium nostrum et virtus, populum tuum ad te clamantem propitius respice.* »

Vous lui avez dit de crier vers vous, il crie ; vous lui avez dit de prier et de pleurer, il prie et il pleure ; vous qui êtes la miséricorde et l'amour, accordez-nous la conversion des pécheurs nos ennemis, brisez les liens dont ils ont enchaîné votre Eglise, rendez-lui sa liberté et donnez-lui cette grande gloire que vous lui avez promise et dont elle doit être couronnée sur la terre afin d'entrer triomphante dans les cieux. Nous vous le demandons par Marie Immaculée, par Joseph son glorieux époux, par Pierre et Paul et tous les Apôtres et tous les Saints : *Intercedente gloriosâ et Immaculatâ Virgine Maria cum beato Josepho ejus sponso, ac beatis apostolis Petro et Paulo et omnibus sanctis, quas pro conversione peccatorum, pro libertate et exaltatione sanctæ Matris Ecclesiæ preces effundimus misericors et benignus exaudi.*

Et comme le triomphe ne peut venir qu'après le combat, nous entendons dans la prière qui suit, comme un cliquetis d'armes et nous voyons déjà l'enfer s'ouvrir pour engloutir les vaincus. C'est Michel, le Prince de la milice céleste qui les terrasse, les précipite et les enchaîne dans l'abime : « *Tuque Princeps militiæ cœ-*

lestis Satanam aliosque malignos spiritus qui ad perditionem animarum pervagantur in mundo divinâ virtute in infernum detrude. Amen. »

Entendez-vous ces mots : *In infernum detrude.* Entendez-vous cet *Amen*, ainsi soit-il, c'est-à-dire : Ainsi se fera-t-il.

Voilà l'avenir ! maintenant vous connaissez l'avenir, vous savez le triomphe de l'avenir.

Il faut bien que les ennemis de Dieu et de son Christ en prennent leur parti. Tous leurs grincements de dents n'y feront rien et toutes leurs conspirations ne seront toujours qu'insanité : *Quare fremuerunt et meditati sunt inania.*

Ils ont beau faire, ils auront l'humiliation de contempler ce triomphe qu'ils préparent eux-mêmes sans le savoir, c'est écrit : *Peccator videbit et irascetur, dentibus fremet et tabescet, desiderium peccatorum peribit.* Tous leurs désirs périront, c'est écrit : *Desiderium peccatorum peribit.*

De toutes les immortalités qu'ils ont rêvées il ne leur en restera qu'une ; les immortelles dont ils ornent leur poitrine pour affronter Dieu dans leurs enterrements civils, le leur disent avec une foudroyante éloquence, il ne leur restera que l'immortalité de l'enfer.

Oui ! là vous serez immortels, vous vivrez éternellement dans ces éternelles tortures, vous n'en sortirez plus pour étaler vos blasphèmes et insulter votre créateur et le nôtre ! leur disent ces fleurs que Dieu a créées pour lui et qui gémissent d'être placées sur ces poitrines sataniques ; non, non, vous n'en sortirez plus, tandis que nous, épanouies dans de nouveaux cieux et une terre nouvelle, nous couronnerons le front des élus chantant avec les anges l'éternel cantique de l'amour !

Fiat ! Fiat ! Fiat !

Voilà le Christ ! Voilà le Roi de gloire ! Le voilà Roi dans le passé, Roi dans le présent et Roi dans l'avenir !

Christus heri ! Christus hodie ! Christus in sœcula !

CONCLUSION

Elle est facile à tirer, deux mots suffisent. L'enfer et toutes les légions de l'enfer ont beau faire, Jésus-Christ est Roi et il faut qu'il règne : *Oportet illum regnare.*

Il est Roi dans le passé. Il est Roi dans le présent. Il sera Roi dans l'avenir.

Il triomphe toujours. Il règne toujours et il commande toujours.

Christus vincit. Christus regnat. Christus imperat.

Vous avez beau faire, vous ne pouvez pas vous soustraire à son Empire. Il conduit et il conduira toujours la captivité captive : *Captivam ducit captivitatem.* Les uns sont enchaînés à son char royal avec la chaîne d'or de l'amour, les autres avec la chaîne de fer de sa justice ; mais tous sont ses captifs et nul ne peut se soustraire à sa puissance ; à chacun de choisir la chaîne qu'il désire.

Les camps sont bien tranchés, les armées sont en présence. Le plan de bataille des fils de Satan est mis au jour, leur but est franchement avoué : anéantir l'Eglise catholique, et pour cela tuer l'âme des enfants, corrompre la femme par les romans, les danses et les parures immodestes, déconsidérer le sacerdoce par la calomnie, le réduire à extinction par la famine et au besoin en finir par le poignard ; voilà le programme, on l'exécute sous nos yeux et avec quelle habileté ! et quelle rageuse ténacité ! l'homme, si Satan n'était pas en lui, en serait absolument incapable.

Le plan de bataille des fils du Christ est bien simple et leur programme est bien court : s'unir dans la prière et dans la charité, prendre pour armes la croix et marcher en avant en regardant le ciel.

Là le Roi de gloire est assis sur son trône et le Père lui a dit : Mon fils, encore quelques jours et tes ennemis seront vaincus et leur tête broyée servira d'escabeau à ta puissance, les flèches qu'ils lancent contre toi retomberont sur eux et tout ce qu'ils font contre ton Eglise je le ferai servir à son triomphe ; leurs persécutions la rajeuniront et ces larmes qu'ils lui font verser lui préparent une moisson splendide.

Voilà la grande politique de Dieu ; à nous fils du Christ de la comprendre et de la suivre ; plus de ce faux libéralisme, plus de ce demi-christianisme, soyons chrétiens comme le Christ : le jour de notre baptême et de notre première communion nous en avons pris l'engagement solennel ! Lui rester fidèles c'est à la fois l'honneur et la liberté, le bonheur et la gloire.

C'est la part que vous avez choisie ! Oh ! quel choix glorieux ! Chantons, chantons le cantique d'amour ; il est aussi celui du triomphe.

Vos autels ! vos autels, ô Jésus ! ô le Dieu de mon cœur ! *Altaria tua ! Altaria tua !...* La tourterelle a son nid pour y placer ses petits, le passereau a le toit de la demeure, et moi j'ai les autels de mon Jésus ! Un seul moment passé près du Roi de gloire vaut mieux que mille années passées dans les plaisirs et les fêtes de Satan !... Le bonheur que n'ont jamais trouvé les fils de Satan moi je l'ai trouvé, c'est vous, ô Jésus ! vous mon Roi ! vous mon Dieu ! vous Mon Tout pour le temps et pour l'éternité ! Ainsi soit-il.

— Notre discours sur le triomphe de la Croix et notre conférence sur la Foi sont venus compléter logiquement ce qui précède ; nous nous contentons d'en donner l'analyse :

LA CROIX DE JÉSUS-CHRIST

LE DRAPEAU DU ROI DE GLOIRE

« Le Roi de gloire s'avance en vainqueur, dit le Prophète, portant en main son drapeau ; c'est là qu'il a caché toute sa force. « *Ibi abscondita est fortitudo ejus.* »

Ce drapeau c'est la croix. L'ordre de notre salut le demandait ainsi, dit l'Eglise ; il fallait bien qu'un arbre ayant servi de drapeau à Satan pour nous perdre et remporter sa victoire ; un arbre aussi servit au Christ de drapeau pour le vaincre et pour nous sauver. « *Ut qui in ligno vincebat in ligno quoque vinceretur.* »

La croix, voilà donc le drapeau du salut. *In cruce salus.* Un jour Constantin le Grand allait au combat, il avait en face de lui un terrible ennemi, il invoque le Christ, et tout-à-coup il voit une croix lumineuse et il entend ces paroles : « Tu vaincras par ce signe », il laisse immédiatement les drapeaux de l'empire, il arbore le drapeau de la croix et le monde fut chrétien.

Ah ! c'est que dans la croix il y a toute la force de Dieu, c'est-à-dire toute sa puissance, toute sa sagesse et tout son amour : La Trinité qui s'est réunie pour faire l'homme, se réunit pour le sauver et c'est par la croix qu'elle le sauve.

1. La croix : triomphe de la puissance.

Satan avait la puissance, il régnait sur le monde : *omnia tibi dabo.* Jésus-Christ veut régner à sa place, pour cela il monte sur la croix et tout ce qu'avait dérobé Satan rentre immédiatement dans son domaine « *omnia traham ad meipsum.* » « Allez, dit-il à ses apôtres, tout est à moi, allez conquérir le monde ». Leur donne-t-il des armées pour cela ? Non, il leur donne une croix ; là est cachée toute la force de sa puissance.

Les apôtres partent, tenant en main le drapeau de la croix, et le monde est conquis. Pierre leur chef s'empare de Rome en mourant sur la croix, mais il meurt la tête en bas pour prendre le monde dans ses bras et lui donner le baiser d'amour. Depuis Rome et le monde appartiennent au Pape. Satan a beau faire, la croix flotte sur le rocher du capitole et elle y flottera jusqu'à la fin des siècles. Voilà le triomphe de la puissance.

2. La croix : triomphe de la sagesse.

Satan rendait des oracles et avait partout des académies; tous les sages du monde étaient ses disciples ; les orateurs parlaient pour lui et les poètes chantaient pour lui. Jésus-Christ veut à sa place enseigner le monde, parce que le monde appartient toujours à celui qui l'enseigne. Où mettra-t-il toute sa science et toute sa sagesse divine ? Dans la croix.

Les apôtres ne prêchent que la croix, n'enseignent que la croix et le monde fait silence et admire. Les oracles se taisent; au Vatican où Satan rendait les siens, Dieu place le Pape le *Docteur du monde*. « Quand il parle, s'écrie St Augustin, c'est le Christ qui parle, c'est le tonnerre de la vérité qui éclate, les grenouilles n'ont qu'à se taire. « *Petrus loquitur, Christus loquitur, cœlum tonat, taceant ranœ.* »

A Rome j'ai prêté l'oreille, je n'y ai plus entendu ni les harangues de Cicéron, ni les chants lyriques d'Horace, ni les vers harmonieux d'Ovide et de Virgile ; je n'y ai entendu que le Pape. La croix, voilà le grand livre, d'où il tire ces syllabes d'or qui illuminent le monde.

Un grand évêque de France le proclama un jour au Colysée devant tous les pèlerins du monde réunis à Rome pour la canonisation des Martyrs du Japon: une grande croix de bois était seule debout au milieu de l'immense enceinte : « Salut ! ô croix plus brillante que le soleil, s'écrie le Pontife, en toi est renfermée toute sagesse, toute philosophie, toute éloquence et toute théologie. « *Salve crux theologica.* »

3. La croix : triomphe de l'amour.

Satan régnait sur la terre par le faux amour; il enchaînait les cœurs par la volupté. Cupidon lançait ses flèches et Vénus recevait de l'encens. Théâtres, danses, romans, parures, plaisirs de tout genre, sensualités immondes, autant de chaînes sataniques. Jésus n'a que sa croix et sur la croix, il n'y a que des épines, des clous et du sang ; pourra-t-il avec cette croix faire la conquête des cœurs ? Oui.

Avec le bois de la croix il fait des flèches ; il en acère la pointe avec le fer de la lance qui a percé son cœur, et il va à la conquête des cœurs. Partez, partez, divin sagittaire, lancez vos flèches et tous les grands cœurs capables d'amour sont à vous ! *Intende, prospere procede et regna : sagittæ tuæ acutæ, populi sub te cadent.* »

Heureux le cœur qu'une de ces flèches a percé ! ce cœur seul comprend l'amour, et en a les enivrements sublimes !... Les apôtres, les martyrs, les saints s'en allaient ainsi, fous d'amour, et les prisons et les tortures leur étaient plus douces que les roses de la volupté. Demandez aux cœurs de Paul, de François d'Assise, de Thérèse, qu'elles n'ont pas été leurs voluptés !...
La croix s'était dressée devant leurs grands cœurs, les flèches en étaient parties et leur cœur percé par elles était dans une fournaise, une fournaise d'amour !

Brûlons du feu de l'amour, ou nous brûlerons du feu de l'enfer ; car la croix sera aussi le TRIOMPHE DE LA JUSTICE.

CONCLUSION

Maintenant vous connaissez le drapeau du Roi de gloire ; tous ceux qui marchent à sa suite ne doivent pas en porter d'autre : par lui Jésus le Roi de gloire règne sur les nations, sur les intelligences et sur les cœurs ; c'est là qu'il a caché toute sa force divine. « *Ibi abscondita est fortitudo ejus.* »

Voulez-vous régner avec lui ? prenez la croix ; voulez-vous être plus sage que tous les sages et plus savant que tous les savants ? prenez la croix.

Voulez-vous jouir des saintes voluptés de l'amour ? prenez la croix. Et quand Satan, par la bouche d'un séducteur, vous dira : Je t'aime, je t'aime ! montrez-lui la croix et dites-lui : Voilà celui qui m'aime ! voilà celui qui s'est fait crucifier pour moi, fais-toi crucifier pour moi et je croirai à ton amour ! »

Quand vous balancez entre le sacrifice que demande le devoir, et le plaisir que vous offre le monde, jettez un regard, un seul regard sur la croix et vous remporterez la victoire.

Prenons la croix, aimons la croix, arborons le drapeau de la croix et la victoire est à nous ! « *In hoc signo vinces !* Le salut est certain, et la palme toute prête ! *In cruce salus !*

Vive Jésus ! Vive sa croix !

LA TOUR OU FLOTTE CE DRAPEAU

LA FOI — QUESTION DE VIE OU DE MORT

> « *Turris fortitudinis a facie inimici.* » (Ps. LX).
> « Voici la tour inébranlable, formidable à l'ennemi. »

Voici la tour inébranlable, formidable à l'ennemi.
Cette tour c'est la Foi. Rester dans cette tour, c'est le salut : *Qui crediderit salvus erit;* en sortir, c'est la damnation : « *Qui vero non crediderit condemnabitur.* »
Avec la Foi la victoire sur le monde est toujours certaine : *Et hæc victoria quæ vincit mundum fides nostra.*
Dès que Dieu a parlé par son Eglise divine et infaillible, il faut croire sans voir et sans raisonner ; voilà la Foi.
Cette foi, vous le voyez, suppose *le fait* d'une révélation faite par Dieu lui-même, ou par ceux qui directement, par le miracle, ou indirectement par la juridiction qu'ils ont reçue de l'Eglise prouvent avoir mission divine pour enseigner.
Le mot *Fides*, remarque S. Augustin, composé du mot : *Fit* être *fait*, *Deo* par *Dieu*, nous fait comprendre la nécessité d'un FAIT DIVIN comme base de la foi. Les prophéties, les miracles et l'Eglise catholique elle-même, voilà des faits divins ; sur eux repose la foi.

***

Il y a ici deux objections qu'il faut résoudre, et trois questions auxquelles il faut répondre.
1re OBJECTION. — Celle des positivistes : Je ne crois que ce que je vois.
RÉPONSE. — Parler ainsi c'est folie ! Avez-vous vu Pékin ? Non. — Croyez-vous que Pékin existe ? Si vous dites non, vous prouvez par le seul fait que vous êtes fou et l'on vous enferme.
La vie, sachez-le bien, n'est qu'un acte de foi permanent. Vous ne pouvez manger une seule bouchée de pain sans faire deux actes de foi ; vous croyez, premièrement, que ce pain ne contient pas du poison, secondement qu'il se changera en sang. La famille et la société ne reposent que sur la foi ; la paternité est un acte de foi, l'amitié est un acte de foi, le commerce est

un acte de foi ; sans la foi tout croule : « *Tolle fidem*, disaient les anciens, *tollitur mundum*. Si nous ne voulions croire que ce que nous voyons, dit S. Augustin, il faut renoncer à vivre parmi les vivants. »

2° Objection. — Celle des rationalistes ou libre-penseurs. Je ne crois qu'à ma raison. La foi tue la raison, donc guerre à la foi.

Réponse. — Parler ainsi c'est ignorance, mensonge et absurdité. La foi ne tue nullement la raison ; elle ne fait qu'un avec elle, ce sont deux sœurs. Tout acte de foi est un acte de raison.

Toute la question de la foi se réduit à un simple syllogisme.

Majeure. — Quand Dieu a parlé, il faut croire et obéir : la raison y oblige.

Mineure. — Or Dieu a parlé :

Dieu se manifestant par le miracle, toute la question consiste à savoir si dans l'Eglise catholique il y a des miracles. L'histoire et les faits contemporains nous prouvent l'affirmative e de plus un seul regard attentif sur l'Eglise catholique prouve qu'elle est elle-même un miracle a l'état permanent et le plus grand des miracles.

Sa préparation pendant quatre mille ans est un miracle.

Son établissement par Jésus-Christ et ses Apôtres, malgré les persécutions et les passions, est un miracle.

Sa conservation malgré ces mêmes persécutions et ces mêmes passions est un miracle.

En un mot en elle tout est miracle, et miracle aussi éclatant que le soleil.

Pour les autres religions, c'est différent, nous les mettons toutes au défi d'en montrer un seul. En elles, tout est humain : les hommes les ont établies et la force et les vices des hommes les conservent.

Conséquence. — Donc il faut croire et obéir à l'Eglise catholique et à l'Eglise catholique seule.

Ne pas le faire c'est un crime :

1° Contre la raison et la logique, c'est-à-dire contre Dieu même. l'éternelle raison et l'éternelle logique.

2° Contre sa propre conscience ; le vivant reflet de cette éternelle logique et de cette éternelle raison.

Après cela ne pas croire c'est-à-dire n'être pas catholique et catholique pratiquant c'est un crime et une folie ; c'est courir aux abîmes. Le jour où la foi disparait d'une âme, c'est le jour de la mort de cette âme et le jour où la foi disparaitra sera le dernier jour du monde : l'affaiblissement de la foi, la plus grande maladie de ce siècle, en est le signe avant coureur et ce signe est infaillible ; l'évangile l'affirme.

— Vous le voyez : Positivisme, Rationalisme, Libre-pensée sont synonymes d'un seul mot : LE SATANISME, ou révolte contre Dieu. Il a commencé en France le jour où on a proclamé les *Droits de l'homme*. Il était la conséquence logique du Protestantisme et du Voltairianisme. — VOILA L'ENNEMI.

Je sais bien que pour couvrir ses crimes, il parle de progrès et fait retentir bien haut les grands mots LIBERTÉ, EGALITÉ, FRATERNITÉ.

Mensonge que tout cela et pur charlatanisme !...

L'Eglise catholique seule nous donne ces trois trésors.

Avoir Dieu pour MAITRE et n'obéir qu'à lui, voilà la LIBERTÉ.

Avoir tous Dieu pour JUGE, voilà l'EGALITÉ.

Avoir tous Dieu pour PÈRE, voilà la FRATERNITÉ.

**
**

1re QUESTION. — Si la foi est si raisonnable, pourquoi les savants sont-ils les premiers à combattre la foi ?

RÉPONSE. — C'est précisément le contraire qui est la vérité ; oui, les faux savants l'ont toujours combattue ; l'ignorance, l'orgueil l'expliquent ; mais les vrais savants, jamais, ils l'ont au contraire toujours défendue.

L'histoire de tous les siècles l'affirme. Nous n'aurions pour le prouver qu'à nommer les grands savants et les grands hommes de toutes les époques et de la nôtre en particulier.

Quand vous voyez un homme qui se prétend savant attaquer la religion dites : Il est peut être savant en chimie, en physique mais de la religion certainement il n'en connait pas le premier mot ! vous ne vous tromperez jamais ; vous pouvez ajouter encore sans craindre de vous tromper : Son orgueil, sa cupidité et surtout son impureté y sont bien pour quelque chose si ce n'est pour tout. En parlant ainsi vous ne vous tromperez jamais.

Il y a longtemps qu'on l'a dit : *Beaucoup de science et de vertu rapprochent de la religion, peu de science et peu de vertu en éloignent.* » Voilà l'axiome infaillible.

2e QUESTION. — Pourquoi tant de religions sur la terre ? Ceux qui suivent les fausses sont-ils tous damnés ?

RÉPONSE. — Il n'y a qu'une seule vraie religion, parce que la vérité est une, mais l'homme, tout en ne pouvant se passer de religion, peut parfaitement quitter la vraie et s'en faire une fausse en harmonie avec ses passions, son orgueil, son avarice et surtout son impureté. De là l'origine de toutes les fausses religions. Tous ceux qui les ont établies sont des criminels : Confucius, Arius, Mahomet, Photius, Luther et les autres.

Est-ce à dire pour cela que tous ceux qui sont nés dans ces religions soient damnés ? Non, certainement. Il y en a en effet qui se sauvent même dans les fausses religions, pourvu 1° qu'ils ne puissent comprendre qu'ils sont dans l'erreur. 2° Qu'ils n'aillent jamais en rien contre leur conscience. 3° Qu'ils soient dans une disposition de cœur telle que s'ils connaissaient la vraie religion ils quitteraient immédiatement la fausse pour embrasser la vraie. A ces trois conditions ils seront certainement sauvés, parce que suivant ainsi la loi naturelle, aimant Dieu comme leur créateur et le craignant comme leur juge, ils ont le baptême de désir, et, appartiennent à l'âme de l'Eglise.

Ils ont reçu moins de grâces que les catholiques, leur salut est plus difficile, mais ils n'auront à répondre que pour les grâces reçues ; grâces d'ailleurs toujours suffisantes pour leur salut, parce que Dieu le père de tous, veut le salut de tous et que personne ne se damne que par sa faute.

3ᵐᵉ QUESTION. — Pourquoi dans la religion catholique que vous dites seule vraie, seule bonne, y a t-il de mauvais prêtres ? Voilà surtout ce qui m'en éloigne.

RÉPONSE. — Ici vous avez un double tort : le premier tort c'est de vous étonner qu'il y ait de mauvais prêtres, sachant que Dieu en appelant quelqu'un au sacerdoce ne lui enlève pas pour cela le libre-arbitre ; la religion d'ailleurs n'est nullement responsable de sa chute. Accusez-vous la justice parce qu'il y a un mauvais juge et la médecine parce qu'il y a un mauvais médecin ? Le second tort c'est de vous éloigner pour cela de la religion, quand au contraire vous devriez y tenir davantage et pour trois raisons :

1° A cause de sa perpétuelle sainteté, malgré les faiblesses et les fragilités de ses ministres. Tandis que tout ce qui est humain croule, elle, ne croule jamais ; cette perpétuelle sainteté est un miracle permanent et le plus grand de tous ; il suffit seul pour prouver sa divinité.

2° Parce que la religion catholique, toujours riche en excellents prêtres et en saints religieux, est la première à condamner les mauvais prêtres et les mauvais religieux et à les rejetter de son sein. Les fausses religions ne font pas ainsi, tout est bon pour elles.

3° Parce que Dieu, dans son infinie bonté et son infinie sagesse, n'a pas voulu que la validité des sacrements dépendît en rien des qualités du prêtre qui les administre : leur validité restant toujours intacte et dans une région toujours inaccessible.

Voilà trois raisons victorieuses pour toute âme droite, libre des passions qui aveuglent et des préjugés qui égarent.

CONCLUSION

— Vous voilà fixés sur la question de la foi. A l'heure actuelle c'est la question vitale. Cette question s'impose à chacun sous peine de vie ou de mort. Tous les prétextes qu'on met en avant pour s'y soustraire ou s'excuser sont de nulle valeur.

Donnez-moi un homme mettant de côté ses passions, voulant franchement la vérité et priant Dieu de l'éclairer, il ne faudra pas un quart d'heure pour le forcer PAR LA RAISON ELLE-MÊME de devenir catholique et catholique pratiquant et fervent.

Le Protestantisme, le Schisme grec, le Judaïsme, le Mahométisme, le Boudhisme ne peuvent tenir un quart d'heure devant la raison. Le Catholicisme seul est raisonnable, seul il peut dire ce qu'a proclamé le concile du Vatican. « La droite raison est le fondement de ma foi. *Recta ratio est fidei fundamentum.* »

Ceux qui disent : Je ne crois pas, ne sont pas francs, ils cherchent ainsi à s'endormir dans leur illusion et leurs vices, mais leur réveil, à la mort, sera terrible. Bien plus coupables encore sont ceux qui privent leurs enfants de la foi par l'éducation laïque, ceux qui l'attaquent par leurs mauvais livres et leurs mauvais journaux et ceux qui corrompent le peuple par les plaisirs. Voilà les bourreaux des âmes et de la Patrie.

Perdre la foi, c'est tout perdre ; vos pères vous ont laissé cet héritage, il faut le laisser à vos enfants !

*

Mon Père me l'a laissé, aussi après Dieu, ma reconnaissance pour lui sera éternelle ; à cela je dois d'être vraiment homme, vraiment chrétien, vraiment français. Heureux l'enfant dont le père craint le Seigneur et illumine son esprit aux clartés de la foi !

« Mon fils, me disait mon père, souviens-toi que la France se meurt faute d'hommes à fortes vertus et à fortes convictions. Il n'y a pas de fortes vertus sans les sacrements de l'Eglise catholique, fréquemment et saintement reçus, qu'on ne s'y trompe pas ! pas plus qu'il n'y a de fortes convictions sans sa doctrine infaillible. La France se meurt depuis que les hommes abandonnent la pratique des sacrements et qu'à la place des *Droits de Dieu*, ils ont mis les *Droits de l'homme*.

« C'est par cette proclamation des *Droits de l'homme* que les malheurs et les folies de la France ont commencé. Au nom de ces *Droits de l'homme*, on a fait la guerre à Dieu et sous prétexte d'abus on a voulu renverser toutes les saintes traditions de notre France. Au lieu de s'attaquer aux abus, on s'est attaqué directement aux principes, oubliant que les abus sont de l'homme et que les principes sont de Dieu, et qu'on n'y touche jamais sans mourir.

« Les principes de la véritable France, les voici :

« Dieu vivant dans le Pape, pour faire vivre par lui l'humanité.

« Dieu vivant dans le chef légitime pour faire vivre par lui la nation.

« Dieu vivant dans le Père, pour faire vivre par lui la famille.

« Et voilà que la Révolution, fille de l'enfer, de la Franc-Maçonnerie et de la philosophie voltairienne, s'est attaquée à la fois et avec furie au Pape, au Roi et au Père ; et l'attaque a été si violente que sans l'Eglise catholique qui vit toujours, l'Humanité, la France, et la Famille seraient déjà englouties.

« Un jour, les branches d'un arbre entrèrent en conseil. Elles dirent entr'elles : Nous sommes vingt, nous sommes cent, nous sommes mille, et le tronc est tout seul ; nous n'avons qu'un peu de sève pour chacune, et lui a la sève tout entière. Ce n'est ni raisonnable, ni juste ! nous sommes dans le progrès des lumières, dans la France moderne, dans l'idée moderne ; il faut mettre ordre à tout cela. Nous sommes le nombre ; au nom du suffrage universel, coupons le tronc et prenons toute la sève pour nous. Et le tronc est coupé ! mais aussi, et presque au même moment, voilà toutes les branches desséchées, toutes les feuilles jaunies et tombant dans la boue, et branches et rameaux jetés au feu. Mon fils, la similitude est parfaite.

« La Révolution a dit : Enlevons le Pape ! tous les hommes ensemble en savent plus qu'un seul. Vivent les *Droits de l'homme* !

« La Révolution a dit : Enlevons le chef légitime ! tous les Français ensemble sont plus que lui : Vivent les *Droits de l'homme* !

« La Révolution a dit : Enlevons au père de famille son auréole divine : Vivent les *Droits de l'homme* ! Tous les enfants réunis sont plus que le père ; enlevons au père le droit de disposer de ses biens et de se perpétuer dans l'aîné de la famille. Vive l'égalité ! A bas le droit d'ainesse ! Et voilà qu'en détruisant le fils aîné, ils ont créé le fils unique !... ou s'il y a plusieurs enfants, ce qui devient très rare, la famille s'éteint par le partage et s'engloutit.

« Et ainsi la Révolution, fille de l'enfer, et de la Francmaçonnerie trouble tout, gâte tout, détruit tout.

« Et tu l'as vu, mon fils, et tu le verras encore ; j'ai vu déjà moi-même plus de vingt ou trente Constitutions, et que de régimes ! tu en verras bien davantage si la France ne revient vite au bon sens. »

Ainsi me parlait le meilleur des pères ; il avait puisé cette sagesse dans la foi : il ne se contentait pas de la foi spéculative. La prière, la confession, la communion fréquente faisaient ses délices.

Heureux les enfants qui reçoivent de semblables exemples et entendent de semblables leçons !

Demandons à Dieu de donner à la France des hommes de foi.

« Je comprends Diogène cherchant un homme ; c'était le paganisme. Mais maintenant aurons-nous à chercher un Français ? un chrétien ? Non, non, nous en avons ! mais il faut qu'ils se multiplient ! Pour sauver la France il faut surtout laisser tous les préjugés de parti qui nous divisent ; il faut se rapprocher, et pour cela faire un grand acte de foi, s'embrasser sur le cœur du Christ, et ne faire plus qu'un dans cette foi et dans cet amour.

PANÉGYRIQUE

DE

SAINT ANTOINE DE PADOUE

PRÊCHÉ

A AVIGNON DANS L'ÉGLISE DE SAINT-PIERRE

en présence

DE MONSEIGNEUR L'ARCHEVÊQUE

« *Et quicumque glorificaverit me et ego eum glorificabo.* » (I Reg. ch. 2.)

« Quiconque me glorifiera sera par moi glorifié. »

Monseigneur,

Mes Frères,

Dieu a tout créé pour sa gloire : tout ce qui vit au ciel et sur la terre ne vit que pour lui rendre cette gloire qui n'appartient qu'à lui seul.

« Je ne cèderai, dit le Seigneur, cette gloire à personne, seul je suis Dieu, seul je suis maître : « *Ego Dominus et non est alter ; gloriam meam alteri non dabo.* »

Malheur à celui qui prétend me ravir ma gloire ! La mesure de la gloire qu'il me ravit sera celle de son ignominie. « *Qui contemnunt me erunt ignobiles.* »

Heureux celui qui me rend gloire ! La mesure de la gloire qu'il me rend sera celle de sa propre grandeur. « *Quicumque glorifiaverit me et ego eum glorificabo.* »

Gloire a ceux qui vous glorifient, ô mon Dieu ! Ces mots seront écrits en lettres d'or sur la porte du ciel.

Malheur, trois fois malheur, a ceux qui vous outragent, ô mon Dieu ! Ces mots seront écrits en lettres de feu sur les portes de l'enfer.

En attendant l'éternité, ils sont dans le temps l'abrégé de l'histoire de tous les siècles et de la vie des nations des familles et des individus.

Qu'ils restent éternellement gravés dans vos pensées ! Vous allez être saintement heureux de voir les premiers merveilleusement réalisés dans l'admirable vie de S. Antoine de Padoue le saint bien-aimé de vos cœurs.

Votre illustre ville d'Avignon l'a eu pour apôtre et son culte établi par vos pères dans cette antique église de S. Pierre, toujours la première de droit dans la ville des Papes, prouve l'amour qu'ils lui avaient voué. Après six siècles cet amour n'est pas affaibli puisqu'il suffit de prononcer son nom pour faire tressaillir vos âmes ; aussi n'est-ce pas un froid panégyrique que vous attendez de moi, mais un chant d'amour.

Vous voulez que je chante ce saint bien-aimé de Dieu et chéri des hommes dont la mémoire est ici et partout en bénédiction ; vous voulez que je chante cet admirable saint et que je vous dise combien se sont en lui réalisées à la lettre les paroles de mon texte : Je glorifierai quiconque me glorifiera. « *Et quicumque glorificaverit me et ego eum glorificabo.* »

Monseigneur,

La présence de Votre Grandeur au milieu de nous en cette belle fête est le commentaire le plus éloquent de ces grandes paroles, il en est aussi le plus cher à nos cœurs. Qui plus que vous, Monseigneur, est saintement passionné pour la gloire de Dieu ? Qui en est plus justement jaloux ? Les cris pleins de larmes que vient de pousser votre grand cœur à la vue de ces chers enfants, créés pour rendre gloire à Dieu et dont Satan conjure la perte, ces grands cris de votre cœur de Pontife et de Père témoignent hautement de l'ardent désir de la gloire de Dieu qui le consume, mais aussi, en retour, de quelles bénédictions Dieu n'entoure-t-il pas votre si fécond épiscopat et quelles mains sont plus remplies de bénédiction que les vôtres ? Ah ! répandez-les en ce moment bien abondantes sur mon impuissance et ma faiblesse afin que je puisse louer plus dignement devant ce grand auditoire si attentif, si recueilli, le saint bien-aimé de nos cœurs.

PREMIER POINT

GLOIRE QU'A RENDUE A DIEU SAINT ANTOINE DE PADOUE

La création purement matérielle rend gloire à Dieu sans le connaître et par conséquent sans l'aimer ; cette gloire, entièrement passive, est un honneur très peu digne de lui ; bien autre est la gloire que lui rend la créature intelligente et libre.

C'est celle-ci que Dieu demande à l'homme et c'est de celle-ci qu'il est jaloux. A peine son intelligence est-elle ouverte à la lumière et sa volonté libre entre-t-elle en exercice, qu'il est là, à la porte de son cœur pour lui dire :

« Mon Fils donne-moi ton cœur « *Fili mi, præbe cor tuum mihi.* » Je t'ai créé pour ma gloire, rends-moi cette gloire en me rendant amour pour amour ; ouvre-moi bien grandes les portes de ton cœur, je suis le Roi de gloire et je veux y régner.

Faire régner Dieu dans son cœur ou être un saint, c'est une seule et même chose. Pour être un saint et établir ce règne deux conditions sont requises, elles suffisent mais elles sont indispensables, le Prophète les indique.

Le Dieu qui veut régner est le Dieu fort et puissant dans le combat « *Deus fortis et potens in prœlio.* » Il faut donc commencer par combattre Satan et détruire jusqu'à la racine tous les vices dont nous portons le germe en naissant et dont Satan est le père.

Ce n'est pas assez : le Dieu qui veut régner cet aussi le Dieu des vertus « *Deus virtutum* » ; il faut donc, après avoir détruit tous les vices, faire fleurir en son cœur toutes les vertus.

Cette guerre jusqu'à extermination et cette pratique héroïque de toutes les vertus, voilà les deux conditions fondamentales de toute sainteté. Dieu les exige de tous ses saints et cela dans tous les temps et à toutes les époques, mais il arrive dans la vie de l'humanité des époques exceptionnelles où cette guerre faite aux passions et cette pratique héroïque des vertus prennent nécessairement des proportions exceptionnelles comme ces époques elles-mêmes. Ce sont les grandes époques, les époques décisives où Satan accomplit ses plus grands forfaits et Dieu ses plus grands miracles.

Dieu signale toujours ces époques par la présence de grands Papes et par des manifestations divines de premier ordre.

Nous traversons une époque de ce genre. Quel grand siècle que le nôtre ! Quels forfaits ! Mais aussi quelles grandes manifestations divines ! Pie IX, Léon XIII, quels grands papes ! La proclamation de l'Immaculée Conception et de l'infaillibilité pontificale, Paray-le-Monial, La Salette, Lourdes, Pont-Main, Montmartre,

Notre-Dame de France, quels miracles ! Quelles manifestations divines !

L'époque où parut au monde S. Antoine de Padoue était grande comme est grande notre époque ; il y a parfaite analogie. Le XIIIe siècle était un siècle de transition comme notre XIXe siècle. Le bien et le mal s'y disputaient l'empire du monde et s'y livraient une guerre colossale : au dehors les fils du croissant menaçaient l'Europe, au dedans toutes les passions y fermentaient, c'était une lutte à mort ; le midi de la France surtout, à cause de l'hérésie des Albigeois, en était le sanglant théâtre. Quels forfaits le monde dût contempler ! mais aussi quelles merveilles ! quels grands Papes sur le siège de Pierre ! quels grands saints dans l'Eglise ! quels géants dans la science et dans les combats !

Grégoire VII, Innocent III, Grégoire IX, quels Papes ! S. François d'Assise, S. Dominique ! quels saints ! Albert le Grand, S. Thomas d'Aquin, S. Bonaventure, quels docteurs !

Godefroy de Bouillon, Richard cœur de lion, Tancrède, Simon de Montfort, quels soldats !

La somme de théologie et les cathédrales, quels monuments ! Et bien, je suis saintement fier de le proclamer en ce grand jour, oui, mes Frères, de toutes ces merveilles, de toutes ces gloires, accumulées dans ce grand siècle, la plus étonnante, la plus resplendissante, celle qui porte le plus le cachet de Dieu, c'est sans contredit la gloire de S. Antoine de Padoue, l'immortel thaumaturge de ce siècle. Il est lui-même un miracle vivant et toute sa vie n'est composée que de miracles. « Voulez-vous voir un miracle vivant, s'écrie S. Bonaventure, le grand Docteur séraphique, contemplez Antoine de Padoue ; voulez-vous obtenir des miracles, invoquez S. Antoine de Padoue. » Voilà le cri de ses contemporains, et voilà le cri de tous les siècles.

Comment expliquer ce prodige ? le voici : Le cœur d'aucun saint n'a été peut-être à un âge si tendre un si beau champ de bataille où le Roi de gloire ait remporté de si beaux triomphes sur ses ennemis ni un aussi beau paradis orné de si belles vertus.

Dieu qui fait tout avec une sagesse infinie avait préparé de loin ce prodige.

Il avait fait naître celui qui devait être le grand thaumaturge du siècle, dans la famille la plus chevaleresque et la plus sainte du siècle, dans l'illustre famille de Bouillon : Godefroy son oncle le premier Roi de Jérusalem en avait rendu le nom immortel. La croix qui était le blason de sa noble famille avait ses quatre branches épanouies en fleur de lis.

Tout ceci est vraiment prophétique. Cette naissance et ce blason étaient déjà comme une révélation. En voyant ce berceau, j'ai droit de m'écrier : *Quis putas puer iste erit ?*

Que pensez-vous que sera cet enfant ? Déjà dans son berceau je vois l'épée de Godefroy de Bouillon, la croix du Calvaire reconquis par cette épée et les lis de la Vierge Immaculée ! *Quis putas puer iste erit ?* Que pensez-vous que sera cet enfant ?

Ah ! certainement il sera grand, il sera saint, il sera le chevalier du Christ, il sera l'apôtre du Très-Haut. « *Et tu puer Propheta altissimi vocaberis.* » Comme un géant, il volera dans les voies de la sainteté et il fera pour le Christ la conquête des âmes : *Præibis enim ante faciem Domini parare vias ejus.* » Il leur donnera la grande science du salut et prêchera aux nations les grandes miséricordes du Seigneur.« *Ad dan-*

dam scientiam salutis plebi ejus in remissionem peccatorum eorum. » Oui il sera grand, aussi lui donne-t-on au baptême un nom royal, le nom de Ferdinand. Mais Dieu lui en réserve un autre plus glorieux encore il le recevra au grand jour de sa naissance à la vie séraphique.

La robe blanche du baptême, il pourra la présenter sans tache au Souverain Juge, Satan tremblera devant cet enfant; il n'osera pas même approcher pour essayer de la ternir.

L'angélique Ferdinand est déjà triomphateur à l'âge où pour les autres le combat commence.

Il a encore l'apparence de l'enfance, mais déjà Satan est terrassé dans son cœur; et il fait des actes de vertu qui étonnent le ciel et la terre. Le voilà s'élançant comme un géant dans les voies de la sainteté. « *Exultavit ut gigas ad currendam viam.* »

Dans son cœur fermentent des ambitions sublimes ; la noblesse de sa famille ne lui suffit pas, les royaumes de la terre sont trop petits et leurs couronnes trop fragiles, il lui faut Dieu et le ciel : méprisant les jeux de son âge et tous les charmes de la maison paternelle, il s'arrache aux caresses de sa mère et fait déjà ses délices des tabernacles du Seigneur. Quand on veut trouver Ferdinand, il faut le chercher dans la cathédrale de Lisbonne, voisine de sa demeure ; là, prosterné aux pieds des autels, il répand tout son cœur dans d'ineffables effusions d'amour. « O Marie ! s'écrie-t-il, vous la glorieuse, la tendre mère de Jésus, soyez toujours ma mère ! O Jésus ! vous le grand Roi des Anges et le Maître souverain de toutes choses, soyez le Roi de mon cœur, le Maître souverain de mon âme, mon bonheur et ma vie. »

Dès lors tous les plaisirs de la terre, tous les honneurs,

toutes les gloires ne sont rien pour lui, il les foule aux pieds à l'égal de la boue et dès l'âge de quinze ans, il s'envole dans le paradis de la vie religieuse pour y cultiver les fleurs de toutes les vertus.

Il entre d'abord dans le monastère des chanoines réguliers de St Augustin, le seul qu'il connaisse encore, mais il le trouve bientôt trop rapproché de Lisbonne, il craint les visites inutiles des parents et des amis, il lui faut une solitude plus profonde. La solitude l'attire, elle a toujours attiré les grandes âmes.

« La solitude, a dit un grand orateur de notre siècle, est la patrie des forts, et le silence est leur prière. »

Le jeune Ferdinand l'a compris, aussi, cherchant le silence et l'obscurité, il vient comme l'humble violette se cacher dans un paisible monastère situé dans une vallée solitaire non loin de Coïmbre ; il y partage son temps entre les délices de l'oraison et l'étude des saints livres ; il verse des larmes abondantes aux pieds de la croix et s'y exerce surtout aux ascensions sublimes de l'amour. « *Ascensiones in corde suo disposuit, in valle lacrymarum in loco quem posuit.* »

On peut dire déjà que son âme n'habite plus la terre ; elle vit au milieu des chœurs angéliques, elle en reflète toutes les gloires, toutes les extases et toutes les vertus. En elle se trouve la radieuse pureté des Anges, l'admirable docilité des Archanges, la resplendissante beauté des Trônes, la force des Dominations, des Puissances, des Principautés et des Vertus, l'illumination des Chérubins et l'ardeur des Séraphins.

C'est au milieu de ces derniers que Dieu veut qu'il établisse sa demeure permanente ; l'heure est venue où il va lui accorder cette incomparable faveur. C'est une nouvelle phase de sa vie qui s'ouvre pour lui.

Un homme s'est rencontré qui tout à coup a surgi

comme une nouvelle apparition du Christ sur la terre. L'Italie tout entière retentit déjà du nom de François d'Assise en attendant que tout l'univers le chante dans le ravissement. Ferdinand de Bouillon, bien que son contemporain, ne le connaît pas encore.

Qui pourrait nous dire si Jésus n'a pas montré à François le jeune Ferdinand dans une de ses extases séraphiques, lui révélant qu'il serait bientôt son fils et la plus belle gloire de son Ordre ? les Anges seuls le savent, il nous le diront au Paradis. Toujours est-il que la Providence, qui dispose toutes choses avec une infinie sagesse et qui atteint toujours à ses fins avec autant de force que de douceur, se manifesta par un évènement en apparence fortuit mais en réalité merveilleusement opportun et portant visiblement le cachet de la volonté divine.

Un jour cinq pauvres religieux venant d'Assise en Italie vinrent frapper à la porte du couvent solitaire de Coïmbre. Ferdinand de Bouillon vient ouvrir ; ô surprise ! ce qu'il avait rêvé comme perfection de la vie religieuse, il a le bonheur de le contempler : il voit devant lui des religieux qui semblent plutôt des anges descendus du ciel que des hommes habitant encore la terre ; ils sont revêtus d'une pauvre robe, ils marchent pieds nus, leurs reins sont ceints d'une corde, sur leur cœur ils portent la croix, sur leur tête la couronne et sur leurs épaules le manteau royal de la sainte pauvreté. Ferdinand est ravi, un rayon céleste illumine son âme, il tombe à genoux, il baise, il arrose de larmes ces pieds poudreux, ensanglantés aujourd'hui par les ronces et les épines du chemin, en attendant de l'être demain par le fer et les tortures du martyre.

Ce sont les enfants de François d'Assise. Ferdinand

entend pour la première fois ce nom qui désormais doit faire tressaillir son âme. Avec la bénédiction de leur séraphique Père, ils ont reçu la mission d'aller au Maroc prêcher le Christ aux infidèles, et ils ont aussi reçu la promesse du martyre et ils s'en vont joyeux vers une mort certaine : elle ne tarde pas à couronner leurs vœux et leurs corps glorieux, empourprés du sang du martyre, sont apportés triomphants à Coïmbre !

Dieu va placer le plus beau diamant à leur couronne, Ferdinand de Bouillon va devenir leur frère.

« Dieu le veut ! Dieu le veut ! s'écrie-t-il, moi aussi je serai pauvre, moi aussi je marcherai nu-pieds et ceindrai mes reins d'une corde, moi aussi je prêcherai le Christ aux infidèles et j'irai conquérir la palme du martyre. »

Avec une joie indicible il revêt les livrées de la sainte pauvreté et le nom d'Antoine devient désormais son nom dans la chevalerie séraphique : armé de la croix il part et s'envole vers l'Afrique, mais voilà que vient la maladie et qu'une tempête le jette sur les côtes de la Sicile.

Dieu l'arrête en chemin, il le destine à l'apostolat des nations chrétiennes et au long martyre de l'amour.

C'est au contact du cœur du séraphique François qu'il doit commencer ce martyre : la providence va conduire le fils à son père. Antoine se rend à Assise avec les religieux de son ordre qui habitent la Sicile, François les y a convoqués pour le grand chapitre où l'illustre Patriarche veut voir et bénir tous les enfants innombrables que le ciel lui a donnés, ils sont plus de cinq mille. Antoine est au milieu d'eux, mais il se fait le plus petit de tous, et il réussit si bien à se rendre méprisable que lorsque les supérieurs désignés par

François, durent faire le choix des religieux pour former leurs communautés, aucun ne veut se charger de lui, un seul enfin se décide à le prendre, mais pour lui confier les charges les plus infimes et dans le plus infime des couvents, c'était un pauvre hospice de frères convers. Jamais joie plus pure n'avait rempli son cœur.

Avant de s'éloigner d'Assise, il vient, après tous ses frères, s'incliner sous la paternelle bénédiction de François. Que dut-il se passer en ce moment dans ces deux cœurs, les plus grands qui palpitaient sur la terre ?... Ils se pénètrent à l'instant et se fondent ensemble : toutes les merveilles que Dieu y opère, leur sont mutuellement révélées, c'est une extase et comme une vision du ciel !

Dans cet embrassement le Christ se révèle tout entier. Dans François il apparaît crucifié, dans Antoine il apparaît glorifié. Quel spectacle ! En contemplant François les anges ravis durent s'écrier : *Apparuit crucifixus* et en contemplant Antoine : *apparuit benignitas Salvatoris.* D'habiles artistes ont admirablement représenté le baiser de St Dominique et de St François. Quel artiste assez habile pourra nous représenter celui de St François et de St Antoine de Padoue ?

Riche du baiser de son séraphique père, Antoine s'envole joyeux dans sa profonde solitude.

Dès qu'il arrive dans l'humble petit monastère de *Monte Paolo*, le voilà à genoux aux pieds de tous ses frères, obéissant à leurs moindres désirs ; il remplit au milieu d'eux les emplois les plus vils, et réussit ainsi à ensevelir dans le néant de son humilité toutes les gloires de sa noblesse et toutes les splendeurs de son génie. Les heures libres que lui laissent ses vils emplois, il les passe en oraison dans une grotte voisine. Ses frères l'y croient seul, mais le ciel tout entier y vient avec lui ; Marie sa mère immaculée l'y visite au milieu de ses anges ; elle porte dans ses bras le divin enfant ; Antoine le contemple dans un ravissement d'amour, le divin enfant lui sourit, et passant des bras de la mère dans les bras de son bien-aimé, ils se couvrent mutuellement des baisers de leur tendresse.

Après ces extases, que restait-il à désirer ? Il ne lui restait plus qu'à mourir pour ne les voir jamais interrompues : sans un miracle, Antoine serait mort d'amour, il se serait envolé sur les ailes des anges à la suite de Jésus et de Marie, mais s'il s'était envolé qu'en aurait su la terre ? Qui aurait connu cette perle qui se cache et ce soleil qui s'éclipse ? N'est-il pas écrit que celui qui s'abaisse doit être exalté et que celui qui glorifie le Seigneur doit être à son tour glorifié ?

Et quicumque glorificat me et ego eum glorificabo.
Voici l'heure de l'exaltation et de la gloire.

DEUXIÈME POINT

GLOIRE INEFFABLLE QUE DIEU A DONNÉE A SAINT ANTOINE DE PADOUE

Si vous voulez comprendre la grandeur de la gloire que Dieu prépare à notre saint, mesurez, si vous le pouvez, la profondeur de l'abîme d'humilité où il s'est plongé dès son enfance et où il fait ses délices d'habiter.

Par ces humiliations vous aurez la mesure exacte de ses gloires ; c'est là tout le nœud de l'énigme. Voilà l'explication de toutes ses grandeurs et leur raison logique. Entendez S. Augustin : « Plus vous voyez d'élévation dans l'édifice plus il est certain qu'il y a de profondeur dans ses fondements. »

Ce que dit la raison, l'histoire le prouve.

Deux hommes un jour se rencontrèrent dans le palais du grand roi Assuérus ; l'un était debout, dans son orgueil, sur les premiers degrés du trône, Aman était son nom ; l'autre, à la porte du palais, se dérobait dans son humilité au milieu des derniers des serviteurs, il s'appelait Mardochée. Esther, l'épouse bien-aimée du grand roi, était d'une beauté incomparable, sa vertu était plus merveilleuse encore. Or, Esther avait horreur de l'orgueil d'Aman et elle inclinait avec amour ses yeux et son cœur vers Mardochée, elle parle de lui au cœur du grand roi et vous savez la suite : Aman est pendu à la potence dressée pour Mardochée, et la gloire que l'orgueilleux voulait pour lui est donnée à l'humble serviteur.

Ce grand Roi c'est Jésus, cette grande Reine c'est Marie, ce serviteur qui se cache, ce serviteur si profondément humble, c'est Antoine de Padoue.

Vous avez admiré ses humiliations, admirez ses gloires et n'oubliez pas le grand rôle que l'amour et la protection toute spéciale et toute maternelle de la Vierge Immaculée remplit dans sa merveilleuse vie. C'est en lui chantant son grand cantique d'amour : *O gloriosa Domina,* qu'il a bondi comme un géant dans la voie des humiliations et des sacrifices, c'est en lui chantant ce même cantique d'amour qu'il va bondir comme un géant dans celle de l'apostolat et des miracles ; par elle il a été l'enfant le plus vertueux de son siècle, par elle il va en être le plus étonnant apôtre et le plus grand thaumaturge. « *Omnia per Mariam.* »

Toutes les gloires que possède son Jésus, elle les obtient pour Antoine.

Jésus règne sur les intelligences, Antoine y règnera.

Jésus règne sur les cœurs, Antoine y règnera.

Jésus règne sur la création tout entière, Antoine y règnera.

Jésus règne sur la mort, Antoine y règnera.

Jésus règne sur l'enfer, il y enchaîne Satan, Antoine y règnera, et fera rentrer Satan dans l'abîme.

Jésus règne au ciel à la droite de son père, Antoine règnera au ciel à la droite de Jésus.

Telle sera maintenant la vie glorieuse de notre saint bien-aimé. Il faudrait un volume pour en raconter les merveilles. Contentons-nous de les effleurer.

Voyez-le, dès la première heure, établir son règne sur les intelligences et les cœurs : c'est par un prodige que ce règne commence.

Un jour les enfants de St Dominique et de St François, unis à tout jamais par le baiser de leurs pères, s'étaient réunis nombreux dans un couvent de Forli pour parler de Dieu : ils s'offrent mutuellement l'honneur de la prédication ; les uns et les autres le déclinent ; le supérieur dans l'embarras jette les yeux sur Antoine qui plus que tout autre s'y dérobait : ce fut une inspiration divine ; il lui ordonne donc de parler. Quel combat se livre alors entre sa grande obéissance et sa grande humilité !

Humble comme un petit enfant, Antoine se laisse porter dans les bras de la sainte obéissance et le voilà debout dans cette chaire, désormais le trône de sa royauté : *Ex ore infantium perfecisti laudem*, a dit le Prophète ; il parlait de lui. A peine sa bouche s'est-elle ouverte qu'il en tombe des torrents de lumière et de feu. Tous ses frères sont dans l'admiration et à proportion qu'il parle leur ravissement grandit ; ce n'est plus un homme qu'ils croient entendre, c'est un séraphin descendu des cieux.

Ils l'annoncent à François, celui-ci écrit à son enfant

bien-aimé : « Mon Fils, le Seigneur soit avec vous. Avec le mérite de la sainte obéissance, et pour la plus grande gloire de Dieu, enseignez la théologie à vos frères et prêchez au peuple sans toutefois que s'affaiblisse jamais en vous l'esprit de sainte oraison et dévotion, comme l'ordonne notre sainte règle. »

Antoine peut s'écrier maintenant comme Jésus : Me voilà sacré Roi par la volonté de mon Père, me voilà placé par lui sur la sainte montagne de Sion pour faire entendre à la terre les grands enseignements du Très-haut. « *Ego autem constitutus sum Rex ab eo, super Sion montem sanctum ejus, prædicans præceptum ejus.* »

Roi des intelligences par son enseignement théologique, il est le Roi des cœurs par sa prédication apostolique. Comme s'inclinent et se soulèvent les moissons dorées sous le souffle du zéphir ou des tempêtes, avec la même docilité s'inclinent et se soulèvent les foules sous le souffle de sa parole séraphique. Trente et souvent quarante confesseurs sont obligés de le suivre pour cueillir les âmes qui tombent sous sa faucille d'or ; les plus vastes églises ne pouvant plus contenir les flots des auditeurs qui débordent, il prêche sous la voûte des cieux. Les miracles accompagnent chacun de ses pas et sa voix s'entend à de prodigieuses distances.

Après les intelligences et les cœurs voici la création tout entière : elle vient à son tour se soumettre à son sceptre, comme Adam avant sa chûte, il lui commande en roi.

A Brives en Limousin, prêchant à une immense multitude, il dit à l'orage qui s'ammoncèle : « Je te défends de laisser tomber ici une seule goutte d'eau de tes cataractes ! » Il n'en tombe pas une seule goutte, elle se déverse tout entière et se répand à l'entour.

A Rimini, trouvant un peuple égaré, il va sur le rivage et s'adressant aux poissons qui remplissent la mer : « Venez, venez tous s'écrie-t-il, vous êtes plus dignes que ce peuple d'entendre la parole de votre Créateur. » Les poissons grands et petits accourent à l'instant, se rangent en amphithéâtre devant lui et levant leur tête sur l'eau, l'écoutent avec ravissement.

A Toulouse, un hérétique a l'audace de nier la présence de Jésus dans l'Eucharistie. « Tu conduiras ta mule devant tous les habitants réunis, dit Antoine, et après trois jours de jeûne tu lui présenteras l'avoine, moi je lui présenterai l'hostie, nous verrons qui elle adorera. » Après trois jours la mule est conduite, elle était affamée, mais laissant la nourriture que lui présente son maître, elle se précipite à genoux devant l'hostie sainte et l'adore ; l'immense multitude adore avec elle et l'hérétique se convertit. Dans des circonstances semblables, à Bourges et à Rimini, il opère le même prodige.

Pour lui les distances n'existent pas : il mesure la terre du regard : *Stetit et mensus est terram.* Pendant qu'il prêche à Padoue, il voit à Lisbonne son père enchaîné devant des juges qui vont le condamner à mort quoique innocent, il s'y transporte avec la rapidité de l'éclair : un meurtre ayant été commis près de sa demeure paternelle on y avait jetté le cadavre ; Antoine de Padoue ressuscite le mort et celui-ci désigne lui-même, devant les juges, le véritable assassin : son père reconnu innocent, est délivré. Le voilà donc vainqueur de la mort : « *Ante faciem ejus ibit mors.* » Ce n'est pas la seule fois qu'il lui arrache ses victimes. Pendant qu'il prêche en France, une pieuse mère qui n'a pas voulu se priver du bonheur de l'entendre, trouve en rentrant dans sa demeure son petit enfant mort dans le berceau ; elle le porte éplorée aux pieds de notre saint : celui-ci le bénit et le lui rend plein de vie.

Maître de la mort il l'est aussi de Satan : « *Et egredietur diabolus aute pedes ejus.* » Il le chasse du corps des possédés et surtout de leur âme.

Au Puy-en-Velay, il s'était emparé du cœur d'un riche bourgeois, notaire dans cette ville. Antoine prie et obtient la révélation de sa conversion et de sa sainteté future ; aussi chaque fois qu'il le rencontre, il le salue très profondément. Celui-ci se plaint, se croyant offensé : « Non, non, lui dit Antoine, je salue en vous un futur martyr. » En effet, bientôt après il se convertit, et il devint apôtre et martyr.

A Ferrare, un riche usurier vient à mourir, on lui fait de magnifiques funérailles : « Où courez-vous, dit Antoine ? Pourquoi faire honneur à un criminel que Dieu a condamné ? Voulez-vous la preuve de sa malédiction ? allez, allez à son coffre-fort, là vous trouverez son cœur au milieu des écus devenus ses idoles. » On y court, et on y trouve un cœur encore chaud ; c'était le cœur de l'avare.

A Padoue, un jeune homme s'accuse d'avoir frappé du pied sa pauvre mère. « Malheureux ! s'écrie Antoine, qu'avez-vous fait, ce pied sacrilège mérite d'être coupé. » Ce jeune homme prend ces paroles à la lettre, à peine rentré chez lui, il prend la hache, il coupe son pied et tombe évanoui, la mère se désole : à qui recourir ! Elle vole vers Antoine, celui-ci lève les yeux au ciel, prend ce pied sanglant, le réunit à la jambe et le jeune homme est parfaitement guéri : la cicatrice seule demeure pour témoigner du miracle.

Un autre jeune homme se présente à lui avec une telle douceur, une telle contrition qu'il n'a pas la force d'énumérer les grands crimes dont il n'ose espérer le pardon : « Ecrivez-les sur cette page, » lui dit le saint ; le jeune homme obéit ; Antoine prend la page, il la met sous les yeux du jeune homme et pendant qu'il lui donne l'absolution, la page devient plus blanche que la neige.

Vrai suppôt de Satan, le cruel Ezzelino fait trembler ses sujets, il multiplie ses scandales et ses vexations. Qui osera se présenter et protester contre le monstre ? Antoine ne craint pas, il s'avance : « Malheureux, s'écrie-t-il, que fais-tu ? Je viens au nom de celui devant qui tous les rois de la terre sont néant et poussière ; il sera ton juge, rends-moi compte du sang dont tes mains sont rougies et des larmes que tu fais couler ! » L'éclair des yeux du saint percent le cœur d'Ezzelino autant que le fait trembler le tonnerre de sa voix ; le lion est terrassé, ô merveille ! Il se change en agneau, le voilà à genoux, demandant miséricorde et acceptant, avec amour et repentir, toutes les grandes réparations à faire et toutes les grandes pénitences à accomplir.

Vainqueur d'Ezzelino, notre saint l'est aussi de l'orgueilleux frère Elie qui, troublant la paix de l'Ordre séraphique, cherche à en affaiblir l'austérité de la règle. Il gagne contre lui sa cause devant le souverain Pontife ; celui-ci ravi de tant de sainteté et tant d'éloquence l'appelle : *L'Arche sainte du testament*. Déjà ses victoires sur l'hérésie lui avait fait appeler : Marteau des hérétiques : « *Malleus hœreticorum.* »

Après tant de combats et tant de triomphes, l'heure de recevoir la palme et la couronne est venue. C'est Jésus qui veut la placer sur sa tête : Marie, entourée d'une multitude d'anges, le porte dans ses bras : une dernière fois Antoine chante à Marie Immaculée son cantique d'amour : *O gloriosa domina !* une dernière fois Marie lui sourit, une dernière fois Jésus le caresse ; il expire dans ses divins embrassements et entre en triomphe dans les célestes parvis ! Le ciel applaudit, les anges chantent. Les apôtres dont il a eu le zèle, les martyrs dont il a eu le courage, les confesseurs dont il a eu les vertus, les vierges dont il a eu la pureté sans tache, viennent au devant de lui : la Trinité le reçoit dans la gloire.

Le Père l'appelle son fils bien-aimé. Le Fils lui donne le doux nom de frère et l'Esprit d'amour le plonge dans un océan de délices !

En même temps, autour de son corps transfiguré et rayonnant d'une beauté céleste, se multiplient les miracles ; les enfants les premiers ont crié : LE SAINT EST MORT ! LE SAINT EST MORT ! la terre entière le redit et l'Eglise le proclame.

Padoue a la gloire et le bonheur de conserver ses reliques et les multitudes accourent à son tombeau.

Le grand docteur Bonaventure vient à son tour, il ouvre le cercueil, une odeur céleste s'en exhale ; il y trouve sa langue toujours vermeille, il la prend dans ses mains, la contemple avec ravissement et l'arrosant de larmes. — « O langue bénie, s'écrie-t-il, toi qui a si bien glorifié le Seigneur et l'a fait si bien glorifier par tous, nous voyons bien maintenant de quels mérites tu brilles devant Dieu ! »

« *O lingua benedicta quæ semper Dominum benedixisti et alios benedicere fecisti, nunc manifeste apparet quantis meritis extitisti apud Deum !* »

C'était le cri de Dieu lui-même, redisant par le séraphique Docteur, ce qu'il veut que toute la terre apprenne et chante toujours :

« Ainsi sera exalté celui qui m'aura exalté, ainsi sera glorifié celui qui m'aura rendu gloire : *Quicumque glorificaverit me et ego eum glorificabo.* »

O grand et bien-aimé saint Antoine de Padoue, du haut du ciel, où vous régnez, vous voyez nos combats, nos larmes, nos souffrances. Ah ! n'abandonnez pas ceux qui vous aiment et secourez toujours ceux qui vous implorent! Vous à qui Dieu a donné l'admirable privilège de faire toujours retrouver ce qui est perdu, rendez Jésus à toutes les âmes qui ont eu le malheur de le perdre, rendez aussi à notre France bien-aimée son antique foi et son antique gloire. O bien-aimé saint dont l'intercession est toute puissante, obtenez-nous le seul bonheur désirable : aimer Jésus et Marie sur la terre et contempler éternellement Jésus et Marie dans les cieux. Ainsi soit-il.

— Par une coïncidence providentielle, le panégyrique précédent a été prêché pendant le mois de S. Joseph, Jésus voulant visiblement associer son ami le plus chéri, à son bien-aimé Père. L'un et l'autre portent dans leurs bras le divin enfant, l'un et l'autre sont établis dispensateurs des grâces célestes, il faut donc les réunir dans nos louanges comme Dieu les a réunis dans son amour: *Quod Deus conjunxit homo non separet.*

LES GLOIRES DE S. JOSEPH

En parlant de S. Joseph, l'Eglise, inspirée par le S. Esprit, s'écrie : « O mon Dieu toujours admirable dans vos saints, voici votre saint par excellence, vous l'avez couronné d'honneur et de gloire, vous l'avez établi le maître de tous vos trésors et le dispensateur de toutes vos grâces ! »

Tout ce qu'on peut dire de plus glorieux pour S. Joseph est renfermé dans ces paroles.

Levez les yeux au ciel, après Jésus et Marie, qui voyez-vous ? S. Joseph ; son trône brille comme un soleil. Portez les yeux sur la terre, après Jésus et Marie il occupe encore la première place. Par son double titre de Père nourricier de Jésus et d'époux de Marie il est élevé à une distance presqu'infinie au-dessus de toutes les autres créatures, il touche presque les confins de la divinité : *Attingens ad fines divinitatis.*

※

1. S. Joseph au-dessus des Anges.

Les Séraphins sont les premiers des Anges ; plus que les autres, l'amour les consume parce qu'ils sont plus près de Dieu, mais S. Joseph a été bien plus près de lui que les Séraphins et a brûlé de flammes mille fois plus ardentes.

Les Chérubins vivant en face du divin soleil sont tout éblouissants de sa clarté : S. Joseph mille fois plus heureux a porté dans ses bras ce divin soleil.

Les Trônes portent la majesté sainte, mais ils demeurent à ses pieds ; S. Joseph la voyait se reposer sur son cœur.

Les Principautés, les Vertus, les Dominations et les Puissances exercent leur empire sur les créatures et S. Joseph l'exerce sur le créateur.

Les Anges, les Archanges servent Jésus leur Roi et Marie leur Reine et S. Joseph est obéi et servi par cette Reine et par ce Roi.

*.

2. S. Joseph au-dessus des Saints.

Les premiers dans cette lumineuse et glorieuse phalange sont les Patriarches, puis viennent les Prophètes et les saints de l'ancien Testament : les Patriarches attendaient le Sauveur, les Prophètes le chantaient et les saints le figuraient ; S. Joseph, mille fois plus heureux le voyait, le contemplait, le possédait.

Les Apôtres sont venus ensuite faire connaître son nom à la terre et avec ce nom ils ont détruits les idoles : S. Joseph mille fois plus grand qu'eux à eu la gloire de donner lui-même ce nom à Jésus et le premier il l'a fait connaître aux bergers et aux Mages et en portant son Jésus en Egypte, il en fait tomber les idoles.

Les Martyrs ont souffert pour sauver leurs âmes, mais S. Joseph, mille fois plus glorieux, a souffert pour sauver Jésus et comme son cœur ne faisait qu'un avec celui de Jésus et de Marie, il a souffert dans son cœur toutes les douleurs de Jésus et de Marie : toutes lui furent révélées et ce qui fut pour lui la douleur des douleurs ce fut de ne pouvoir être sur le Calvaire pour les leur adoucir en les partageant ensemble.

Les Confesseurs ont pratiqué toutes les vertus : l'humilité, la douceur, l'amour de l'oraison, la vie cachée, la patience, la fidélité au devoir, la pénitence et la charité parfaite ; S. Joseph n'a pas seulement pratiqué ces vertus mais il en a été le modèle et le type idéal.

Les Vierges sont les lis plantés dans le jardin de l'Eglise, mais voici trois lis plus beaux que tous les autres, c'est à eux que les autres empruntent leur blancheur, ces trois lis embaument à la fois le ciel et la terre, ces trois lis toujours sont inséparables, voici leur nom : Jésus, Marie, Joseph. O pureté de S. Joseph qui pourra te comprendre ? Aussi Dieu l'a-t-il établi le père, le gardien et le défenseur des Vierges et des chastes époux.

Joseph, le fils de Jacob, avait étonné le monde par sa grandeur et sa puissance mais il l'étonna bien plus par sa chasteté, et il n'était que votre figure, bien-aimé Joseph !

C'est la chasteté qui garde le monde, c'est l'arome qui le conserve. Les individus, les familles, les nations, trouvent en elle et en elle seulement la source de l'honneur et de la vie. Aussi quelle conspiration de l'enfer contre cette vertu des Anges. Théatres infâmes ! bals infâmes ! romans infâmes ! parures infâmes ! Autant d'abimes où s'engloutissent chaque jour d'innombrables victimes ! O S. Joseph, sauvez-nous ! sauvez-nous !... vous avez sauvé Jésus des conspirations d'Hérode, sauvez, sauvez nos âmes des conspirations de l'enfer. Vous avez eu le bonheur de mourir dans les bras de Jésus et de Marie, obtenez-nous cette grâce et ce même bonheur. Ainsi soit-il.

SAINTE MORT D'UNE DAME CHRÉTIENNE

DÉVOUÉE A SAINT JOSEPH

Voulez-vous mourir d'une sainte et douce mort ? aimez beaucoup S. Joseph, il vous obtiendra infailliblement cette grâce.

Une noble dame, Madame Henri de Bonnet d'Oléon, fille de l'ancien magistrat et sénateur de cette illustre cité, bien connue de tous par sa piété, sa modestie et ses bonnes œuvres, avait, il y a bientôt deux ans, fait le don à la paroisse de S. Pierre, d'une magnifique statue de ce grand saint et orné son autel des plus belles dentelles de sa robe nuptiale. Dès lors elle sentit dans son âme un détachement encore plus parfait des choses de la terre, une paix et une sérénité inaltérables ; le désir du ciel, grandissait visiblement dans son cœur et la pensée de la mort qu'elle avait tant redoutée autrefois devenait un charme. Elle éprouvait comme une attraction vers les joies éternelles et elle avait le pressentiment que son bonheur approchait. A peine le mois de S. Joseph où nous sommes encore, était-il commencé, la voilà visitée par une maladie que rien ne faisait prévoir, et trois jours après, munie de toutes les consolations célestes, elle s'endormait doucement, souriant à la mort; et semblant déjà contempler du regard son éternelle couronne ; ses funérailles ont été un vrai triomphe. Les paroles qu'on va lire et qui tombèrent de notre cœur, ne font qu'exprimer, hélas ! bien imparfaitement ce que la douleur jointe à l'admiration faisait si vivement sentir à toute l'assistance. — Tous ceux qui l'ont aimée et admirée seront heureux de les entendre encore.

***

« Le cœur du vénéré Pasteur dont je suis l'interprète ne veut pas laisser finir les saintes prières de l'Eglise, si trempées de larmes mais aussi si remplies d'espérance et de consolation, sans déposer, au nom de la paroisse qu'elle a tant édifiée, une couronne de bénédiction et de reconnaissance sur ce cercueil qui renferme les saintes reliques d'une grande chrétienne, d'une fille chérie, d'une épouse bien-aimée et d'une mère vénérée dont la mémoire vivra éternellement au milieu des pauvres de Jésus-Christ.

« A la voix du Pasteur s'unit la voix de Dieu ; oui j'entends une voix et cette voix vient du ciel : *Audivi vocem de cœlo.*

« Parle, me dit cette voix, parle, toi qui es mon apôtre, et dis à ce père, à cet époux, à ce fils qui pleurent la meilleure des filles, des épouses et des mères, dis à cette grande assistance si sympathique et si recueillie, dis-leur à tous combien est douce et sainte la mort du juste ! combien sont heureux ceux qui après avoir vécu dans la piété et la fidélité à mon service meurent dans le baiser de mon amour ! »

« Parle, et dis que pour eux il n'y a pas de mort, que ce qui semble être la mort, n'est qu'un doux sommeil et un passage à l'éternelle vie ; dis-leur que c'est un repos après les durs labeurs, et un triomphe après les grands combats : les vices vaincus sont les captifs enchaînés au char de victoire et leurs vertus et leurs bonnes œuvres en sont les trophées ! »

« Parle, et dis-leur que ce corps, qui semble plus que tout autre appartenir à la mort, ne lui appartient pas ; sanctifié par la chasteté, la souffrance et l'Eucharistie, il ne sera jamais sa victime ; il porte en lui une semence d'immortalité. Comme le grain du pur froment jetté dans le sillon en sort pour refleurir au printemps, ainsi ce corps placé dans le sillon de la tombe en sortira pour renaitre et refleurir, dès que Jésus, le soleil de l'éternité se lévera dans sa gloire, portant dans ses mains d'immortelles couronnes et disant à chacun de ses élus : Viens, viens bon et fidèle serviteur ! assez de larmes, assez de combats, assez de labeurs ; viens, prends possession de ton éternelle couronne et entre dans la joie de ton Dieu.

« Le triomphe de l'âme n'attend pas celui-ci, l'heure serait trop tardive pour les désirs de notre amour. Le dernier souffle semble encore errer sur les lèvres mourantes, que déjà le triomphe de l'âme commence ; nous assistons à celui de cette grande chrétienne.

« Maintenant que le sang de la sainte victime vient de finir de la purifier et de la transfigurer, je la vois nous sourire du haut des cieux.

« Je la vois dans les bras de ce Jésus qu'elle a tant aimé, qu'elle recevait avec tant d'amour à cette table sainte, qu'elle visitait avec tant d'amour dans ce tabernacle, qu'elle accompagnait avec tant d'amour dans le chemin de la croix et qu'elle a tant désiré de recevoir avant de mourir ; appelant son fils bienaimé : « Mon Fils, lui disait-elle, tu ne m'as jamais menti, ah ! dis-moi si je vais bientôt mourir, parce que je ne veux pas mourir sans recevoir mon Jésus, » et quand elle l'eut reçu, quelles profondes adorations, quel ravissement ! quelle douce extase ! extase commencée sur la terre et continuée dans les cieux !

« Je la vois dans les bras de ce Jésus qu'elle aimait tant à consoler et à nourrir dans la personne des pauvres et à faire vivre dans l'âme des petits enfants. Oui, pauvres petits enfants que je vois si près de son cercueil, pleurez, pleurez votre mère ! c'est à elle que vous devez en grande partie d'être encore dans des écoles où l'on vous parle de Dieu : pleurez celle qui, avec tous les siens, a toujours été votre si insigne et si généreuse bienfaitrice !

« Je la vois dans les bras de Marie qu'elle a tant aimée et dont comme fille, comme épouse et comme mère, elle a si admirablement imité les vertus.

« Je la vois près du trône de S. Joseph, son saint de prédilection. C'est à l'école de ce grand, de cet incomparable saint qu'elle a si bien appris à toujours s'effacer : à savoir si bien se taire et à toujours s'oublier elle-même pour ne penser qu'aux autres.

« Je la vois au milieu des anges et des saints et elle nous dit : Venez, venez, je vous attends. Répondons à son appel et en imitant ses vertus, méritons de partager sa récompense.

Ainsi soit-il.

« O mon Dieu, faites que notre mort ressemble à celle des saints et que notre dernière heure soit suave et douce comme la leur ! »

« *Moriatur anima mea morte justorum et fiant novissima mea horum similia !* »

SAINT JOSEPH, PATRON DE L'ÉGLISE CATHOLIQUE.

S. Joseph est le patron de l'Eglise catholique, c'est là sa grande gloire.

L'Eglise catholique et Jésus ne font qu'un. Comme Jésus. S. Joseph la porte dans ses bras et sur son cœur ; comme Jésus il la sauvera de tous nos Hérodes bien plus cruels que le premier : celui-ci ne tuait que le corps des petits enfants, eux tuent leurs âmes.

Ils ont beau faire l'Eglise catholique ne les craint pas ; aussi élevée au-dessus d'eux qu'est le soleil, elle est aussi inaccessible que lui à leurs coups.

Oui proclamons-le bien haut et que ceci fortifie notre foi et soit notre dernier cri de victoire. L'Eglise catholique est dans le monde moral ce qu'est le soleil dans le monde physique.

1° Le soleil est UN, ainsi l'Eglise catholique est UNE : UNE par la même foi, UNE par l'obéissance au Pape qui tient la place de Dieu et qui est infaillible comme Dieu.

2° Le soleil répand sa lumière dans toute la terre, ainsi l'Eglise catholique répand partout sa lumière.

3° Le soleil féconde tout par sa chaleur, ainsi l'Eglise catholique féconde tout par sa charité.

4° Le soleil remonte à Dieu par son origine, ainsi l'Eglise catholique remonte à Dieu par Léon XIII, S. Pierre, Jésus-Christ, David, Moyse, Abraham, Noé et Adam.

5° Le soleil depuis son origine combat la nuit et en triomphe toujours, ainsi l'Eglise catholique combat, depuis l'origine, toutes les erreurs et toutes les passions et en triomphe toujours.

GLOIRE A SAINT JOSEPH ! GLOIRE A L'ÉGLISE CATHOLIQUE !

CANTIQUE

DE SAINT ANTOINE DE PADOUE

Antoine, Avignon encore
T'aime et chante tes grandeurs :
La terre entière t'honore
Et raconte tes faveurs.

Refrain :
O doux frère,
Sur la terre,
Caressé par le Sauveur !
O doux frère,
En toi j'espère,
Garde-moi, voici mon Cœur !

2
Antoine, dès ton enfance,
Ton cœur n'a plus qu'un désir :
Le martyre, la souffrance,
Aimer, combattre et mourir.

3.
Comme l'humble violette,
Tu veux cacher tes vertus ;
Mais en vain, car sur ta tête
Brille le sceau des élus.

4.
L'amour de Jésus t'enflamme,
Comme le grand saint François,
De tout cœur et de toute âme
Partout tu prêches la Croix.

5.
Vrai Marteau des hérétiques,
Partout tu brises l'erreur,
Et tes accents séraphiques
Comme un trait percent le cœur.

6.
Quittant les bras de Marie
Dans ses bras tu viens, Jésus,
L'enrichir dès cette vie
Du beau trésor des élus.

7.
Pour prouver l'Eucharistie.
Toulouse voit, à genoux,
La mule adorer l'hostie ;
Oh ! croyons, adorons tous.

8.
Les poissons viennent t'entendre
Levant leur tête sur l'eau,
Et l'on voit les cœurs se fendre :
Jamais miracle si beau !

9.
Pour délivrer ton vieux père,
Condamné, quoique innocent,
Tu t'envoles de la chaire
Pendant ton ravissement !

10.
Ta langue vermeille et pure
A triomphé de la mort ;
Dans ses mains, Bonaventure
La baisait avec transport.

11.
Tout objet, quand on te prie,
Est aussitôt retrouvé ;
Et tu rends à la Patrie
Le cœur le plus égaré.

12.
Arche sainte de la vie,
Ton amour est mon trésor :
A ton nom l'âme ravie
Vers le ciel prend son essor.

13.
Antoine, brillante étoile,
Lis pur entre tous les lis,
Sois mon guide, enfle ma voile.
Conduis-nous au Paradis.

P. MARIE-ANTOINE.

HYMNE DE SAINT BONAVENTURE

EN L'HONNEUR

DE SAINT ANTOINE DE PADOUE

Voulez-vous des miracles ? Adressez-vous à saint Antoine de Padoue.
La mort, les calamités, les démons, les tentations fuient devant lui.
Par lui les malades recouvrent la santé, par lui s'apaisent les tempêtes ;
Par lui les paralytiques sont guéris et les choses perdues retrouvées.
Avec lui plus de périls, plus de tristesse, plus d'infortune ;
Avec lui toujours la paix, la consolation et la parfaite joie.
O grand saint Antoine ! que votre langue qui a si bien glorifié et béni le Seigneur,
Soit à jamais glorifiée et bénie !

===

PRIÈRE

A SAINT ANTOINE DE PADOUE

O grand saint Antoine ! par la grâce toute spéciale que vous avez reçue de porter dans vos bras le divin Enfant Jésus, de recevoir ses ineffables caresses, de si bien prêcher son nom glorieux, et de faire trouver les choses perdues, faites nous trouver ce que nous cherchons et en particulier le trésor du divin amour ; obtenez-nous, à votre exemple, une foi agissante, une parfaite docilité aux inspirations de la grâce, le dégoût des vains plaisirs du monde, un zèle séraphique et un désir ardent des joies ineffables de la bienheureuse éternité.

Ainsi soit-il.

Avignon. — AUBANEL frères, Imp. de N. S. P. le Pape et de Mgr l'Archevêque.

www.ingramcontent.com/pod-product-compliance
Lightning Source LLC
LaVergne TN
LVHW021740080426
835510LV00010B/1299